교사들이여,
절대로 가르치지 마라

교사들이여, 절대로 가르치지 마라

지은이 | 김인환
초판 발행 | 2011. 1. 25.
초판 41쇄 | 2023. 5. 23.
등록번호 | 제3-203호
등록된 곳 | 서울특별시 용산구 서빙고로65길 38
발행처 | 사단법인 두란노서원
영업부 | 2078-3333   FAX 080-749-3705
출판부 | 2078-3477

▌책 값은 뒤표지에 있습니다.
  ISBN 978-89-531-1480-7   03230

▌독자의 의견을 기다립니다.
  tpress@duranno.com   http://www.Duranno.com

▌이 책의 성경 본문은 개역개정을 사용했습니다.

두란노서원은 바울 사도가 3차 전도여행 때 에베소에서 성령 받은 제자들을 따로 세워 하나님의 말씀으로 양육하던 장소입니다. 사도행전 19장 8-20절의 정신에 따라 첫째 목회자를 돕는 사역과 평신도를 훈련시키는 사역, 둘째 세계선교(TIM)와 문서선교(단행본·잡지) 사역, 셋째 예수문화 및 경배와 찬양 사역, 그리고 가정·상담 사역 등을 감당하고 있습니다. 1980년 12월 22일에 창립된 두란노서원은 주님 오실 때까지 이 사역들을 계속할 것입니다.

교사들이여,
절대로 가르치지 마라

김인환 지음

두란노

목차

3부 먼저 나부터 변해야 한다

지금 교회에는 목자가 없다

생텍쥐페리의 『어린 왕자』에 이런 내용이 나온다.

"세상에서 가장 어려운 일이 뭔지 아니?"

"흠, 글쎄요. 돈 버는 일? 밥 먹는 일?"

"세상에서 가장 어려운 일은 사람이 사람의 마음을 얻는 일이란다."

교회학교 교사나 사역자들에게 "세상에서 가장 어려운 일이 무엇입니까?"라고 묻는다면 뭐라고 대답할까? 아마 아이들을 가르치는 일이라고 대답할 것이다. 가르치는데도 아이들이 좀처럼 변화되지 않기 때문이다.

사실 가르치는 일은 쉽지가 않다. 탁월한 교사가 필요하고, 21세기 아이들에게 맞는 강의실이 필요하고, 배우려는 자세가 되어 있는 학생이 필요하다. 하지만 주일학교 현장에는 이런 것이 갖춰져 있지 않다.

그런데 한미준(한국 교회 미래를 준비하는 모임)이 한국 갤럽 리서치에 의해 조사한 「한국 교회 미래 리포트」에 의하면 "교회학교의 성장이 교회의 장기적 성장의 궁극적 대안"이라고 한다. 교회학교가 살아 있지 않으면 교회의 부흥은 없다는 말이다. 암담한 얘기다. 교회학교가 대안이라고 하는데 교회학교가 교회에서 가장 큰 고민거리이기 때문이다.

교회학교를 들여다보면 아직도 성장의 기미조차 보이지 않는다. 더 심각한 것은 교회학교의 침체를 넘어서서 교사들이 지친 지 오래되었다는 것이다. 웬만한 교회에서는 교사를 구하기조차 쉽지 않다.

교회학교 현장에서 23년이라는 세월을 보내고, 하나님의 은혜로 부흥의 감격을 누린 터여서 그런지 많은 분이 부흥의 비결을 묻는다. 언젠가는 그 필요에 구체적으로 응답해야겠다고 결심했는데, 30년 동안 교회학교를 섬긴 교사의 말을 들으면서 늦출 수 없다고 생각했다.

"목사님, 애들 다루기가 너무 힘들어요. 30년간 교사를 했지만 아이들에게 어떻게 성경을 가르쳐야 할지 정말 모르겠습니다. 올해까지만 하고 그만두려고요."

그날 밤, 잠이 오지 않았다. 30년간 사명을 갖고 교사를 하던 분조차 힘겨워하는 교회학교 현장이 머릿속에서 떠나지 않았기 때문이다. 새우잠을 자다 깨어 새벽예배를 나가려고 나서는데 분명한 음성이 들렸다.

"인환아, 언제까지 네 책임이 아니라고 할 테냐?"

"책임이라뇨?"

"무너져 가는 다음 세대를 외면할 셈이냐?"

"그게 어떻게 제 책임입니까?"

"그러면 교사들의 책임이냐?"

차에서 내려 기도를 하는데 계속해서 '책임'이라는 단어가 생각났다. 그랬다. '교사들의 책임', 그것은 분명 아니었다. 하나님이 부어 주신 은혜를 나누지 못한 나의 책임이었다. 순간 '하나님은 한 사람의 순종을 통해서 다음 세대를 일으키는 하나님의 방법에 대해 말씀하고 싶어 하신다'는 생각이 들었다.

"목사님, 언제 원고 주실 거예요?"

"쓰고 있는데 기도 부탁드려요. 꼭 교사들에게 필요한 책을 쓰

려니 진도가 안 나가네요."

"저희도 함께 기도하겠습니다. 서두르지 마시고 꼭 필요한 책을 써 주세요."

출판 담당자와 통화를 하고 나면 사명감이 더 커져서 진도는 더욱 안 나갔다. 마음에 부담이 커서인지 시간 날 때마다 컴퓨터 앞에 앉았다.

"하나님, 교사들에게 무엇을 말씀하기를 원하시나요?"

아무리 기도해도 응답이 오지 않았다. 그저 내 경험과 생각 속에서 교사들에게 하고 싶은 이야기만 머릿속에 맴돌았다.

"하나님, 도대체 한국 교회에 관심은 있으신 겁니까? 교회학교가 살지 않으면 한국 교회에 내일은 없다고 하나님이 말씀하지 않으셨습니까? 말씀해 주십시오!"

따지는 기도에도 하나님은 꿈쩍하지 않으셨다. 새벽기도 순서가 돌아와 설교를 마치고 돌아오는데 엘리베이터 안에서 성도들의 이야기가 들려왔다.

"애가 교회 나가기 싫대."

"아니, 왜?"

"선생님이 자꾸 공과를 가르치려고만 해서 지루하대. 선생님이 자기 말만 하니까 너무 힘들대. 그렇다고 다른 교회 나가 보라고 할 수도 없고, 선생님에게 가르치지 말라고 할 수도 없고…."

"가르치지 말라고 할 수도 없고…." 이 말을 듣는 순간, 마음속에서 분명한 하나님의 음성이 들렸다.

"인환아, 저 말을 전하거라."

"아니, 선생님들에게 가르치지 말라니요?"

"사람의 가르침만으로는 사람이 변하지 않는단다."

그랬다. 하나님은 아이들을 통해 교회학교 교사들이 어떻게 해야 하는지 이미 오랫동안 말씀하고 계셨다. '사실 나 또한 교회학교 교사 시절에 그것 때문에 힘들어하지 않았는가?'라는 생각이 스치자 쓸 말이 분명해졌다.

사람의 가르침만으로는 아이들이 변하지 않는다. 교회학교가 무너진 것은 가르치지 않았기 때문이 아니라 오히려 가르치기만 했기 때문이다. 성령의 가르침, 그 가르침으로 변화된 삶의 이야기가 아닌, 죽은 언어로 가르치기만 했기 때문이다.

이후 우리는 성령이 가르치신 대로 분반공부 시간을 지식을 전달하는 것이 아니라, 살아 있는 하나님의 말씀을 통해 변화된 이야기를 나누는 셀 모임으로 전환했다. 교사가 사라지고 아이들의 영혼을 돌보는 목자가 그 역할을 대신했다. 강의실이 사라졌고, 아이들의 삶의 현장이 말씀을 배우는 장이 되었고, 일방적인 가르침은 말씀을 나누는 시간으로 풍성해졌다. 그러자 놀라운 일이 일어났다. 부흥이 일어난 것이다. 200명 정도 되던 아이들이 1,700명으로 성장했고, 무엇보다도 예수님을 인격적으로 영접하고 변화되기 시작했다.

여기에는 그 원리가 고스란히 녹아 있다. 나의 인생 가운데서 그때마다 일하셨던 하나님의 원리를 간증처럼 기록했다. 아무쪼록 분반공부 현장에서 고군분투하는 교사들에게 작은 도움이 되길 바라며, 교회마다 교회학교의 부흥이 일어나기를 기대해 본다.

아이들의 짱 목사,

김인환

1부

가르치지 말고
사랑하라

아이들에게 필요한 교사는 지식을 전하는 사람이 아니라,

예수님처럼 사랑으로 가르치는 사람이다.

이는 성령님을 통해서만 가능하다.

성령님께 의존할 때 아이들을 변화시킬 수 있는 실마리를 찾을 수 있고,

가르침의 지혜를 얻을 수 있다.

"우리는 그가 만드신 바라 그리스도 예수 안에서

선한 일을 위하여 지으심을 받은 자니

이 일은 하나님이 전에 예비하사

우리로 그 가운데서 행하게 하려 하심이라"

(엡 2:10)

1장
아이들이 원하는 건,
지식이 아니라 사랑이다

아이들이 원하는 것은 예수님에 대한 지식이 아니라 예수님처럼 사랑으로 가르치는 사람이다. 그것은 성령님을 통해서만 가능하다. 성령님의 인도하심을 따라 아이들에게 다가서는 사람이 진정한 교사다.

 삶을 나누는 교사가 필요하다

"어떻게 그렇게 잘 가르치세요?"

"네?"

"전 교사 경력이 10년이 넘어도 반 아이들이 10명을 넘어 본 적이 없는데, 김 선생님은 1년 사이에 3명이던 아이들이 50명에 육박하잖아요. 그것도 말썽쟁이 중학교 3학년 남자아이들이요. 자, 그러지 말고 비결 좀 가르쳐 주세요. 혼자만 잘하시지 말고."

서울에 있는 한 조그마한 산동네 교회에서 교회학교 교사를 할 때였다. 농구를 좋아하는 아이들과 함께 어울려 운동하고 집에 데려가서 떡볶이를 만들어 주며 아이들의 고민을 들어주다 보니 동네 아이들이 다 몰려와서 그야말로 부흥 아닌 부흥을 이룬 적이 있다.

"인환아, 넌 어떻게 또래하고 놀지 않고 애들하고 노니? 공부는 언제 하고…."

재수생 주제에 교회학교 교사를 하는 아들이 걱정되셨던 어머니는 내가 공부는 안 하고 아이들과 놀고 있는 것쯤으로 보셨던 것이다. 사실 정말 아이들과 놀고 있었다. 방황하는 아이들과 함께 농구를 하는 것이 사역의 핵심이라면 핵심이었다. 그러니 교사 경력을 자랑하시던 선생님들이 고민하다 못해 1년 경력의 풋내기 교사에게 '잘 가르치는 비결'을 알려 달라고 했을 때, 정말 나눌 것이 없었다. 그래서 나는 대답했다.

"농구하면서 그냥 아이들과 노는 게 전부에요."

사실 나는 성경을 잘 알지도 못했고, 아이들과 좌충우돌하며 "내가 과연 제대로 된 교사인가?"라는 질문 속에서 그저 아이들과 농구하며 놀다가 그들의 고민과 이야기를 듣고 함께 울면서 기도한 것이 전부였기 때문이다. 하지만 이제는 하나님이 왜 그때 우리 반에 부흥을 주셨는지 알 것 같다. 20년 넘게 아이들과 씨름하면서 '교사는 단순히 가르치기만 하는 사람이 아니다'라는 것을 깨달았기 때문이다.

내가 좋아하는 저자 중에 찰스 스탠리(Charles Stanley)라는 분이 있다. 애틀랜타 제일침례교회를 담임하면서 하나님의 음성을 들는 법을 지도하고 치유의 메시지를 전하는 탁월한 설교자다. 글을 쓰면서 그분의 말이 떠올랐다. 『변화를 이끄는 성령 충만의 법칙』이라는 책에서 그는 성령의 중요성을 이렇게 말했다.

처음에는 힘찬 신앙생활을 마음먹었지만 나중에는 무력한 기독교인이 되는 이유는 대체 무엇일까? 중요한 이유 가운데 하나는 신앙생활을 시작할 때 그리스도와 관계를 맺으면서 배웠던 바로 그 영적 원리들에서 서서히 멀어지기 때문이다.

두 번째 이유는 하나님의 말씀과 설교를 통해 접하는 메시지에 너무 길들여진 나머지 말씀의 진리를 이전만큼 진지하게 받아들이지 않기 때문이다.

마지막으로 세 번째 이유가 있는데, 그것은 곧 우리를 인도하시며 가르치시며 유혹에 맞설 수 있는 능력과 잘못을 인식하고 피할 수 있는 지혜를 주시는 성령을 의지하지 않기 때문이다. 이 중에 세 번째 이유가 가장 높은 비중을 차지하는 듯하다. 우리가 성령을 의지하지 않는 한 영적 변화는 불가능하다.

인간적인 가르침으로는 사람이 변화되지 않는다. 성령을 의지하지 않는 가르침으로는 아이들의 영적 변화가 불가능하다는 말이다. 그런데 많은 교사들이 시간이 지나면서 자만에 빠지고 무기력한 교사가 된다. 가장 기본적이고 중요한 이 영적 원리를 지나치고 있기 때문이다. 안타까운 것은 아직도 적지 않은 교사들이 사람의 말로만 가르치려고 한다는 것이다. 단순한 지식 전달을 위해 더 많은 성경 지식을 쌓는 것이 중요하다고 생각한다.

잘 가르치는 비결을 가르쳐 달라는 고참(?) 선생님과의 대화를 마치고 돌아오는 길에 하나님이 주신 말씀을 잊을 수 없다. 아니, 잊지 않으려고 주일 아침마다 이 말씀을 읽고 아이들을 만나러 갔다.

> "사도와 함께 모이사 그들에게 분부하여 이르시되 예루살렘을 떠나지 말고 내게서 들은 바 아버지께서 약속하신 것을 기다리라"(행 1:4).

아이들은 분반공부를 하러 교회에 오는 것이 아니다. 성경에 대한 지식을 잘 강의하는 사람을 만나러 오는 것도 아니다. 생각해 보라. 우리가 교육 부서에 다닐 때, 정말 탁월한 교사의 성경 강의에 매료되어서 교회를 다니게 되었는가? 아니다. 그것은 성령의 역사다. 성령 충만한 교사의 사랑을 통해 영향을 받은 것이다. 우리에게 인간적 가르침을 주기보다는 성령 안에서 우리의 이야기를 들어 주며 삶을 나누었던 분이 계셨기 때문이다.

풋내기 교사 때부터 지금까지 변하지 않는 교육 철학이 있다면 사람의 강의로는 아이들이 변화되지 않는다는 것이다. 공과를 들이대며 자신이 말하고자 하는 것을 강의하는 것만으로는 아이들의 마음을 얻을 수 없다. 오히려 많은 말을 할수록 아이들의 마음은 닫힌다.

아이들은 강의에 지쳐 있다. 인간의 말로 가르치는 것에 식상해 있다. 아이들이 원하는 것은 예수님에 대한 지식이 아니라 예수님처럼 가르치는 사람이다. 그것은 성령님을 통해서만 가능하다. 성령님의 인도하심을 따라 사람의 가르침을 접고 아이들에게 다가서는 사람이 아이들을 변화시킬 수 있는 진정한 교사다.

"나는 분반공부 시간에 성령께 의지하며 가르치고 있는가?" 이 질문을 통해 자신을 돌아보자. 그리고 사람을 의지하며 성령을 의지하며 가르치려면 어떻게 해야 할지 나눠 보자.

 가르치기 전에 복음을 전하라

"목사님, 그 아이는 문제아예요. 노력해 봤자 소용없는 아이예요. 그냥 제적시키죠."

"선생님, 저도 문제아였습니다."

"목사님, 그 아이는 학교에서도 포기한 아이예요. 학교에서 포기한 아이를 저희가 어떻게 책임집니까?"

교회에 출석하다가 학교에서 문제를 일으킨 아이를 제적시켜야 한다는 선생님과 실랑이를 벌이다가 자연스럽게 어린 시절 나의 모습이 떠올랐다. 나는 그야말로 문제아였다. 담배를 피다가 경찰에게 걸려 사랑(?)의 훈시를 받고 집으로 돌아왔을 때, 6년 터울의 누나가 그것을 알고 얼마나 펑펑 울었던지….

누나의 눈물을 이해하기에는 어린 나이였다. 평범하지만 그 시절 대부분의 아이들이 그랬듯이 가정에서 안식과 쉼을 가질 수 없었던 나는 늘 동네에서 친구들과 어울리는 것을 최고의 기쁨으로 여기며 살았다. 어머니가 밥 먹으라고 소리를 지르셔야 겨우 씻고 밥상 앞에 앉을 정도로 아이들과 노는 것에 정신이 빠져 있었다. 그렇게 놀다 보면 배가 고파서 동네 구멍가게에서 '라면땅'을 훔치기도 했다. 결국 주인아저씨에게 걸려 그분의 정확한 고자질(?)로 아버지에게 호되게 혼나고 고쳐졌지만 친구들과 어울리는 것만은 포기할 수 없었다. 친구들은 나의 유일한 탈출구였으니까….

그날도 여느 때처럼 친구들과 신 나게 놀고 있는데, 뜻밖의 말을 걸어 온 할머니가 있었다. 주름살은 많았지만 표정이 유난히도 밝았던 할머니가 갑자기 걸음을 멈추더니 구슬치기를 하며 놀고 있는 나에게 다가와 이렇게 말씀하셨다.

"이봐, 학생. 예수 믿고 천국 가. 하나님이 학생을 너무 사랑하서서 외아들 예수 그리스도를 십자가에 못 박혀 돌아가시게 했어. 하나님이 학생을 무척 사랑하신다고 이 할머니에게 말씀하셨어."

"천국이요?"

"응, 할머니 손자도 말이야…."

잠시 말을 잊지 못하시더니 할머니는 이렇게 말씀하셨다.

"할머니 손자도… 얼마 전에 천국에 갔어. 기도할 때면 그 녀석 얼굴이 보이는데 얼마나 행복해하는지 몰라. 학생도 예수님 믿으면 내 손자 녀석이 있는 천국에 갈 수가 있어."

"에이, 할머니. 천국이 어디 있어요? 아니, 있어도 하나님은 저를 좋아하시지 않을 거예요."

어린 시절, 동네 골목대장으로 간간히 사고를 쳤던 나는 천국이 있다 해도 하나님이 날 받아 주실 리가 없다고 생각했다. 그러자 할머니는 눈물이 글썽거려 반짝이는 눈빛으로 나를 바라보며 이렇게 대답하셨다.

"애야, 그렇지 않아. 하나님은 너를 아주 많이 사랑하셔. 그래서 예수님을 이 땅에 보내셨단다. 누구든지 예수님을 믿으면 지옥 가지 않고 천국 갈 수 있어."

"할머니, 전 죽기 싫어요."

갑자기 죽음에 대한 공포가 밀려왔다. 하지만 이어서 뭔가 다른 느낌이 전달되어 왔다. '하나님이 정말 나를 사랑하실까? 예수

믿으면 천국 갈 수 있을까?'

당시 산동네 애들이 그랬듯이 경제적인 사정으로 부모의 사랑을 제대로 받지 못하고 자란 내 마음에 사랑이나 천국이란 단어처럼 낯선 말은 없었다.

아버지는 아홉 살 때 할머니가 돌아가셔서 남의 머슴살이를 할 만큼 고생을 하며 객지에서 사셨다. 아버지는 여느 부모들처럼 자식을 사랑하지만 어떻게 표현해야 하는지는 모르셨다. 거의 매일 술독에 빠진 할아버지를 아버지로 두신 아버지는 가정에서 아버지의 역할을 제대로 배우지 못하셨다.

그런 아버지 밑에서 나는 늘 사랑에 목말랐다. 그래서 그 채울 수 없는 감정을 친구들과 어울리는 것으로 대신하였다. 할머니가 그런 내 삶을 아시는 것처럼 내 손을 꼭 잡고는 떨리는 음성으로 이렇게 말씀하신 것이 기억에 생생하다.

"이번 주에 꼭 교회 와. 저 언덕 위에 교회 보이지? 거기에 오면 예수님을 만날 수 있어. 꼭 와야 해. 이 할머니가 기다릴게."

하지만 그런 할머니가 정상적으로 보일 리 없었던 나는 철없이 이렇게 대꾸하고 말았다.

"아파요, 할머니! 이거 놔요. 죽어서 천국 가실 거면 할머니나 믿고 가세요. 난 죽고 싶지 않아요. 친구들이 기다려요. 갈래요."

생각만 해도 얼굴 빨개지는 일이다. 지금 생각해 보면 할머니는 손자를 잃고 나서, 하나님이 우리의 죄를 위해 외아들 예수

그리스도를 보내신 그 사랑을 더 깊이 경험하셨던 것 같다. 그러나 그때 나는 익지 않은 감자처럼 복음을 받을 준비가 되어 있지 못했다.

그런데 약 30년이 지난 지금 나는, 아니 우리 가정은 놀랍게 변화되었다. 부부 싸움이 잦았던 부모님, 심장 수술을 세 번이나 받은 어머니 모두 예수님을 믿고 행복을 누리신다. 그리고 나는 예수를 전하는 목사가 되었다. 할머니가 뿌리신 복음의 씨앗이 결국 열매를 맺은 것이다.

> "또 이르시되 하나님의 나라는 사람이 씨를 땅에 뿌림과 같으니 그가 밤낮 자고 깨고 하는 중에 씨가 나서 자라되 어떻게 그리되는지를 알지 못하느니라 땅이 스스로 열매를 맺되 처음에는 싹이요 다음에는 이삭이요 그 다음에는 이삭에 충실한 곡식이라 열매가 익으면 곧 낫을 대나니 이는 추수 때가 이르렀음이라"(막 4:26-29).

복음은 사람을 변화시킨다. 인간의 눈으로 볼 때는 씨앗의 사람이 어떻게 되는지 알지 못하지만 하나님이 열매를 맺게 하시는 것처럼, 복음이 뿌려진 마음은 결국 하나님의 때에 열매를 맺는 것이다. 교사를 하면서 도대체 아이들이 변화되는 것같이 보이지 않을지라도 실망할 이유가 없다. 우리가 원하는 때에 바뀌는 것이 아니라 하나님의 때에 바뀔 것이기 때문이다.

그러나 복음이 없으면 아이들은 바뀌지 않는다. 키보드를 사 주고 드럼을 사 주고 영상을 틀어 줘도 아이들은 바뀌지 않는다. 아무리 떡볶이와 피자를 사 줘도 아이들의 영적 변화는 없다. 오직 복음만이 사람을 변화시킨다.

그러기에 가르치기 전에 가장 먼저 전해야 할 것은 복음이다. 복음이 빠진 가르침은 성경적 가르침이 아니다. 탁월한 언변을 갖고 있지는 않지만 영적으로 죽어 있는 아이를 진심으로 불쌍히 여기고 복음의 씨앗을 뿌리신 할머니를 통해 하나님의 말씀대로 자란 기적이 일어났다.

할머니는 한 번도 나를 가르치지 않았지만 내 마음을 변화시키는 씨앗을 뿌리셨다. 이것이 진정한 교사다. 진정한 교사는 인간적인 가르침으로 사람을 변화시키려 하지 않고 복음을 전한다. 아이들의 언어로 복음을 전할 준비가 되어 있다. 복음을 전하지 않고 가르치지 마라. 아이들을 변화시키는 성경의 원리는 가르치기 전에 복음을 전하는 것이다.

> "내가 복음을 전할지라도 자랑할 것이 없음은 내가 부득불 할 일임이라 만일 복음을 전하지 아니하면 내게 화가 있을 것이로다"(고전 9:16).

"나는 예수님을 내 인생의 구원자요 주님으로 마음에 영접했는가?"라고 스스로 질문해 보자. 그리고 아직 복음을 전하지 않은 아이들이 있다면 어떻게 복음을 전할지 계획을 세워 보자.

관심이 없으면 가르침이 아니다

"흰 구름 뭉게뭉게 피는 하늘에 아침 해 명랑하게 솟아오른다. 손에 손 마주 잡은 우리 어린이 발걸음 가볍게 찾아가는 길. 즐거운 여름학교, 하나님의 집. 아아~ 진리의 성경 말씀 배우러 가자."

기타 치는 찬양 선생님이 교회 아이들과 함께 동네를 돌며 큰 소리로 여름성경학교 주제가를 부르면 아이들이 자연스럽게 몰려들어 교회로 따라 들어갔다. 제사보다 젯밥에 관심이 있는 아이들은 노래를 부르며 따라갔지만 마음속으로는 교회에서 제공하는 빵과 과자, 선물을 기대했다. 당시 빵과 선물은 명절 때나 받을 수 있는 것이었기 때문이다. 산동네 아이들에게 교회는 먹기 힘든 것을 선물로 나눠 주는 곳이었다.

우리 동네에는 두 교회가 있었다. 아래쪽에는 '공덕교회'가, 위쪽에는 '서부교회'가 있었다. 동네 길목을 지나다니다 보면 가끔씩 가 보고 싶은 충동이 일어났다. '뭐하는 곳일까?' 특히 여름성경학교 전도대가 지나가면 더욱 가고 싶어졌다. 그래서 어머니를 졸라 겨우 허락을 얻어서 교회에 발을 들여놓았다.

그런데 여름성경학교가 끝나고 몇 주를 버티지 못하고 그만뒀다. 먹을 것을 준다고 해서 갔는데 치사하게 그냥 주지 않았다. 한 시간의 지루한(?) 예배를 드려야 주었다. 예배드리는 일이 믿음이 성숙하지 않은 아이들에게는 얼마나 힘든 일이었는지 모른다.

갑자기 종을 "땡" 하고 치더니 모두 눈을 감았다. 나처럼 교회 분위기에 익숙하지 않은 몇몇 아이들이 주변을 두리번거렸다. 눈을 감고 침묵하는 시간이 그저 불편하게 느껴질 뿐이었다. 잠시 후 눈뜨고 나서 부른 노래는 어린이 찬송가라고 했지만 어린이 정서와는 영 맞지 않는 노래였다. 요즘은 아이들의 눈높이에 맞는 찬양이 많지만 그때 어린이 찬양이라는 것은 어른 찬송가 중에서 쉬운 것 몇 개를 편집한 것이 전부였기 때문이다.

"차암~ 아름다워라. 주님의 세계는…"

노래를 부르는데 하품이 나왔다. 속으로 이런 생각이 들었다.

'아름답기는 뭐가 아름다워.'

그래도 찬양하는 시간은 참을 만했다. 정말 참기 힘든 시간은 그 이후였다. 전도사님이라는 분이 나와서 설교라는 것을 하는데 약 30분만에 애들을 다 재웠다. 그분의 설교는 수면제였다. 졸지 않는 몇몇 아이들은 떠들다 혼이 나곤 했다. 혼이 나면서도 정말 궁금했다.

'저분은 왜 주일마다 저렇게 재미없는 얘기만 다 모아 오는 걸까?'

반응 없는 우리에게 재미없는 이야기를 날마다 아무렇지도 않은 듯 전하는 그분은 그야말로 놀라움 그 자체였다. 선생님은 그 사람이 어린이 전도사님이라고 했다. 정말 이해가 가지 않았다.

'어린이 전도사님은 어린이를 힘들게 하는 사람인가?'

우리의 관심을 끌지 못하는 동떨어진 설교를 들으며 점점 교회와 멀어졌다. 하지만 하나님은 우리를 향한 사랑의 끈을 놓지 않으셨다. 곧 다가오는 부활절이나 성탄절, 그리고 여름성경학교를 통해 다시 우리의 눈을 사로잡으신 것이다. 절기마다 교회가 제시하는 구미 당기는 먹을거리와 선물은 지루한 예배를 각오하고 교회를 들락거리게 만들었다.

나는 소위 '절기 장학생'이었다. 여름성경학교 때는 한 번도 빠진 적이 없다. 심지어 두 탕씩 뛰었다. 특별한 때에만 나간다는 것에 대해 양심에 가책(?)이 없었던 것은 아니지만 아이들의 마음을 사로잡는 재미있는 놀이와 연극, 풍성한 먹을거리와 선물을 포기할 수는 없었다. 아이들에게 먹을 것은 어른들이 생각하는 것보다 훨씬 더 중요하다. 그것은 아이들에게 하나님의 관심으로 다가오기 때문이다.

미국에 있을 때였다. 어떤 교회에 나가야 할지를 결정해야 하는 상황에서 고민했다. 어른 예배가 좋은 A 교회는 아이들을 위한 배려와 관심이 약했고, 아이들이 좋아하는 B 교회는 어른 예배가 감동을 주지 못했다.

"얘들아! 어느 교회로 갈까?"

"B 교회요."

아이들이 이구동성으로 대답했다.

"왜?"

"거기가 좋은 교회에요."

"왜?"

"선생님도 좋고, 그리고…"

"그리고?"

"아니에요. 아빠, 그냥 B 교회 가면 안 돼요?"

"얘들아! A 교회도 좋은 교회야."

아이들은 대답하지 않았다. 어차피 아빠 뜻대로 할 거 아닌가 하는 생각을 했는지 이내 시무룩해졌다. 몇 주 지나면 나아지겠지 하는 마음으로 결국 A 교회를 다녔다. 그러던 어느 날 여섯 살이던 큰딸이 예배를 마치고 나오면서 예전과 달리 밝은 표정으로 이렇게 말했다.

"아빠, 아빠 말이 맞았어요!"

"뭐가?"

뜬금없는 말에 뭐가 맞는다는 건지 궁금했다.

"지난번에 아빠가 이 교회도 좋은 교회라고 했잖아요."

"응."

"아빠 말이 맞았어요."

"왜 갑자기 생각이 바뀌었어?"

"오늘 교회에서 이거 줬어요."

아이가 내놓은 것은 먹을 것과 작은 선물이었다.

"누가 줬는데?"

"선생님이요. 우리 선생님 되게 좋아요."

"저도요, 아빠."

둘째 딸도 거들었다.

아이들에게 교회는 하나님의 관심을 받는 공간이다. 딱딱한 가르침을 배우는 공간이 아니라 예수님의 사랑을 느끼는 놀이터다. 교회라는 놀이터에서 노는 동안 예수님의 마음을 깨닫고 주님의 제자로 자랄 수 있게 해 줘야 한다. 그러기 위해서는 아이들의 눈높이에 맞는 관심과 사랑이 필요하다. 아이들의 필요를 어른들의 잣대로 재서는 안 되는 것이다.

한번은 교회에서 어린이들에게 간식을 제공할 것인가 말 것인가를 두고 논의한 적이 있다. 나는 주저 없이 간식을 줄여서는 안 된다고 했다. 어린 시절에 먹을 것 때문에 교회에 가게 된 경험에서 나온 결정이기도 했지만, 그보다 더 중요한 이유는 먹을 것을 통해 아이들은 하나님의 관심을 받는다고 느끼기 때문이었다. 사실 그것은 하나님의 마음을 느끼게 해 주는 예수님의 방법이었다.

"인자는 와서 먹고 마시매 말하기를 보라 먹기를 탐하고 포
도주를 즐기는 사람이요 세리와 죄인의 친구로다 하니 지
혜는 그 행한 일로 인하여 옳다 함을 얻느니라"(마 11:19).

아이들을 변화시키기 위해서는 지식 전달보다 아이들에 대한
관심을 보여 줘야 한다. 아이들과 함께 뒹굴며 어울려야 한다. 아
이들과 어울리지 못하고, 저 먼 곳에서 거룩한 가르침만을 들고
서 있는 교사는 아이들을 변화시킬 수 없다. 주일날 하루 가르치
는 것으로 아이들이 변하는 게 아니라는 말이다. 아이들의 영혼
을 향해 관심을 갖고 주 중에도 아이들의 필요에 관심을 가질 때
아이들은 변한다.

공부는 안 하고 아르바이트 한답시고 부모에게 걱정을 끼치는
고등학생 아이가 있었다. 그 아이 생일날, 나이만큼의 장미꽃을
아르바이트하는 패스트푸드점으로 보낸 적이 있다.

"네 남자친구가 보냈니?"

"아, 아니요. 우리 교회 목사님이요."

"뭐?"

그날 이후 그 아이는 놀랍게 변하기 시작했다. 예배에 빠지지
않고, 소그룹 모임에서의 태도도 눈에 띄게 달라진 것이다. 그 아
이는 지금 교육 부서에서 찬양을 인도하는 훌륭한 대학생 교사가
되었다.

공과를 고수하는 일만으로는 아이들이 바뀌지 않는다. 아이들을 바꾸고 싶다면 무엇을 가르치기 전에 아이들에게 관심을 가져야 한다. 생각해 보면 초등학생 때 여름성경학교는 하나님의 관심을 느끼게 하는 끈과도 같은 것이었다. 그 끈을 통해 아이들은 하나님의 마음을 느끼고 예수님이 자신에게 관심을 갖고 계신다는 것을 깨닫는다. 그때 여름성경학교가 없었다면 나는 교회에 관심을 갖지 못했을 것이고, 하나님께로 인도함을 받을 수도 없었을 것이다. 하나님이 나에게 관심을 갖고 계신다는 사실 조차 알 수 없었을 것이다.

가르침은 지식의 전달이 아니다. 성령의 인도하심에 따라 예수님의 마음과 하나님의 관심을 전하는 여름성경학교 같은 것이다. 여름성경학교를 해야 한다는 말이 아니다. 가르치기 전에 아이들이 하나님의 관심을 느낄 수 있도록 그들에게 가까이 다가가야 한다는 것이다. 그들과 함께 어울리고 놀아야 한다. 예수님도 그렇게 하셨다.

"예수께서 그 어린아이들을 불러 가까이 하시고 이르시되 어린아이들이 내게 오는 것을 용납하고 금하지 말라 하나님의 나라가 이런 자의 것이니라"(눅 18:16).

당신이 가르치는 아이들이 하나님의 관심을 느끼고 있는가? 다음 두 가지를 체크해 보라. 첫째, 당신과 함께하는 분반공부 시간을 아이들이 즐거워하는가? 둘째, 성경 공부 외에 아이들의 필요를 채워 준 것이 있는가? 어떻게 아이들에게 관심을 갖고 다가설 수 있을지 구체적으로 나눠 보라.

복음이 없으면 아이들은 바뀌지 않는다.

키보드를 사 주고 드럼을 사 주고 영상을 틀어 줘도

아이들은 바뀌지 않는다.

아무리 떡볶이와 피자를 사 줘도 아이들의 영적 변화는 없다.

오직 복음만이 사람을 변화시킨다.

아이들을 변화시키는 지구촌교회 교회학교 포인트

1. 자꾸 가르치려 하지 말고 아이들의 말을 경청하라.

지구촌교회에는 교사가 없다. 아이들을 가르치는 데 집중하지 않는다. 그러면 어떻게 성 경을 가르치는가? 삶으로 가르치고, 분반공부 시간에는 성경으로 변화된 삶을 나눈다. 지구촌교회는 이분들을 '교육 목자'라고 부른다. 미취학 목자, 어린이 목자, 청소년 목자, 청년 목자가 있다. 교육 목자들이 분반공부 시간에 하는 가장 중요한 일은 아이들의 이야기를 듣는 것이다. 듣고, 어린이 셀 교재나 청소년 셀 교재에 있는 질문을 던진다. 그리고 그 나눔을 통해서 말씀의 원리를 깨닫게 된다.

2. 가르치기 전에 복음을 먼저 전하라.

지구촌교회에는 아이들의 발달 과정에 따라 어린이 새 생명과 청소년 새 생명, 청년 새 생명 교재가 있다. 아이들의 눈높이에 맞추어 교육 목자가 전도해 온 친구와 함께 주 중에 만나 복음을 전한다. 심지어 학원과 도서관은 물론 롯데리아에서도 복음을 전한다. 때로는 아이들이 좋아하는 음식점을 빌려서 그곳에서 전도 축제를 연다. 또 학기 중에 도저히 시간이 안 되는 아이들을 위해 방학 중 단기특강 과정을 열어서 복음을 제시하고, 예수님을 인격적으로 만나게 한다. 복음을 듣지 않은 아이들에게 아무리 오랜 시간 성경을 가르쳐도 아무 일도 일어나지 않는다.

3. 가르침보다 더 강력한 관심을 보이라.

지구촌교회 주일학교는 '교육 목장'이라고 부른다. 교사는 더 이상 가르치는 사람이 아니라 아이들을 돌보는 사람이라는 정체성을 심어 주기 위해서다. 우리가 어릴 적에 교회 다닐 때 선생님께 배운 성경 강해가 훗날 떠오르는가? 그렇지 않다. 우리에게 관심을 주던 선생님이 떠오른다. 우리가 믿음을 가질 수 있었던 것은 바로 그 선생님의 관심 때문이다. 그래서 호칭부터 바꿔 주었다. 호칭은 역할을 부여하기 때문이다. 이후 교육 목자들은 가르치려 하기보다는 아이들에게 관심을 보이기 시작했다. 아이들과 어울려 놀기 시작했고, 시험 때는 샌드위치를 만들어 학교를 방문했다. 샌드위치 먹으려고 학교에서 만난 아이들은 친구들에게 자신의 목자를 자랑한다. 이로 인해 전도된 아이들이 한둘이 아니다.

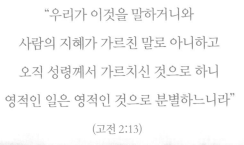

"우리가 이것을 말하거니와
사람의 지혜가 가르친 말로 아니하고
오직 성령께서 가르치신 것으로 하니
영적인 일은 영적인 것으로 분별하느니라"

(고전 2:13)

2장

성령으로 가르치면
아이들이 변한다

예수님처럼 사람들을 감동시키고 변화시키는 가르침을 전하려면 철저히 성령의 역사에 의존해야 한다. 성령님께 의존할 때 아이들을 변화시킬 수 있는 실마리를 찾을 수 있고, 가르침의 지혜를 얻을 수 있다.

 성령으로 가르치는 교사는 아이들의 마음을 안다

어떻게 해야 예수님처럼 사람들을 감동시키고 변화시키는 가르침을 전할 수 있을까? 사람의 방법과 기술이 도움이 될 수는 있지만 해답은 아니다. 해답은 철저히 성령의 역사에 의존하는 것이다. 하지만 심각한 것은, 교사들이 철저히 성령께 의존하지 않는다는 것이다.

탁월한 교사로 우리에게 잘 알려진 브루스 윌킨슨(Bruce Wilkinson)의 책『마음을 여는 가르침』을 보면 제이 애덤스(Jay E. Adams)의 "성령님이 이끄시는 교육"이라는 부분이 있다. 제이 애덤스는 이렇게 지적한다.

> "크리스천 교사나 행정가들은 개인적인 경건의 시간을 제외
> 하고는 가르치는 일에서나 배우는 일에서 성령님과 그분의 역
> 사하심에 거의 의존하지 않는다."

성령의 가르침에 대해 탁월한 로이 주크(Roy Zuck)는 우리가 의
식적으로든 무의식적으로든 성령님의 역사를 무시하고 있다고
말했다. 교사들이 교육 이론과 프로그램, 개인 편차, 교육 환경과
교육 목표, 그리고 학습 목적에 너무 집착한 탓에 성령의 도움 없
이 일을 해 나가려는 경향이 있다는 것이다. 예수의 제자들이 3년
간 가장 위대한 교사이신 예수님의 가르침을 받았지만 실패했던
것을 기억해 보라. 가르침에서 중요한 것은 지식이 아니라 성령
님의 역사다.

교육 환경이나 다른 그 어떤 것보다 중요한 것은 성령님께 의존
하는 교사가 되는 것이다. 성령님께 의존할 때 아이들을 변화시
킬 수 있는 실마리를 찾을 수 있고, 가르침의 지혜를 얻을 수 있
다. 무엇보다도 성령님은 교사가 아이들과 어떻게 접촉해야 하는
지를 알게 하신다. 바꿔 말하면 아이들과의 접촉점을 잘 아는 사
람이 성령의 인도하심을 받은 교사라는 것이다.

초등학교 시절, 교회는 들락거렸지만 진정한 변화를 경험하지

못한 나는 하나님과는 상관없는 아이가 되어 버렸다. 어린 시절, 교회에 다닐 생각을 한 번도 해 본 적이 없었다. 사람의 가르침으로 변화되지 않고 있었던 것이다. 그러던 내가 어떻게 변화될 수 있었을까? 그 일은 중학교 2학년 겨울방학이 끝나고 3학년으로 올라가기 직전에 일어났다.

"인환아! 교회 가자."

"야, 크리스마스도 아닌데 도대체 고리타분한 교회를 왜 가니?"

"인환아! 교회에 가면 여자친구를 사귈 수 있어."

놀라운 복음이 들려왔다. 절기 장학생으로만 교회에 등록되어 있었던 내가 교회에 가야 하는 첫 번째 이유를 처음으로 진지하게 발견하는 순간이었다. 더 이상 빵과 과자로는 교회 다닐 이유를 발견하지 못하고 있던 나에게 여자친구를 사귈 수 있다는 말은 복음 중에 복음이었다. 난 한창 사춘기를 겪고 있었던 것이다.

존 밀턴 그레고리(John Milton Gregory)의 『가르침의 절대법칙 7가지』를 보면, 두 번째 법칙으로 '학습자의 법칙'을 소개하고 있다. 그는 "학습자는 배워야 할 내용에 관심을 갖고 집중해야 한다"는 원칙을 소개하면서 어떤 노력이 수반되어 집중하기보다도 학습자가 본래부터 관심이 있고 매력을 느끼는 것에 자연스럽게 집중할 때 가장 효과적인 배움이 일어난다고 말했다. 그리고 그런 집중은 학습자의 관심과 일치할 때 가능하며, 관심은 학습자의 연령이나 성장의 단계에 따라 다르다고 했다. 착하고 성령 충만했던 내 친구는 달라진 내 관심, 사춘기 아이들의 관심을 정확히 끌어낸 탁월한 교사였던 것이다.

"바나바는 착한 사람이요 성령과 믿음이 충만한 사람이라 이에 큰 무리가 주께 더하여지더라"(행 11:24).

사춘기는 성적 정체성을 구체화하고 이성과 좋은 관계를 맺는 능력을 발전시켜야 하는 시기다. 그러기에 이성 교제는 10대에 진입한 모든 아이들의 최대 관심사다. 이런 사춘기 아이들에게 "여자친구를 사귈 수 있어!"라는 말은 그야말로 복음이 아닐 수 없다. 난 즉시 반응을 보였다.

'그렇구나. 아이들이 일요일 그 놀기 좋은 시간에 교회에 가는 데는 다 이유가 있었구나!'

왜 친구들이 일요일에 부족한 잠을 보충하거나 놀지 않고 교회에 가는지 그 이유를 알 것 같았다. 여자친구를 사귀고 싶은 사춘기 시기, 그 친구의 말은 여자친구가 없던 나의 심장 깊숙이 파고들어 나로 하여금 처음으로 진지하게 매주 교회에 다녀야 하는지를 고민하게 했다. 그리고 뜻 없이 가끔 드나들던 교회 문턱을 이젠 본격적으로 넘어 다니도록 인도한 것이다.

지금 생각해 보면 정말 그는 탁월한 복음전도자(?)였다. 성령의 깨닫게 하심으로 어떻게 하면 친구가 교회에 나가게 할 수 있을지를 정확하게 알고 있었던 것이다. 하지만 안타까운 것은, 아이들을 변화시키겠다고 하는 많은 이들이 아이들과의 접촉점을 어떻게 찾아야 하는지 모른다는 것이다.

복음을 전하려면 접촉점을 아는 것이 중요하다. 그냥 내 방식대로 고집한다고 해서 되는 것이 아니다. 접촉점을 모른 채 내는 열심은 상심으로 끝난다. 최근 교회학교 현장마다 아이들을 가르치는 교사가 줄어드는 가장 큰 이유는, 접촉점을 모른 채 열심을 내다가 상심한 교사가 많기 때문이다. 대부분의 교사가 3년 안에 다 그만둔다. 1년 하고 그만두는 교사도 점점 많아지고 있다. 그만큼 접촉점을 몰라서 고민하는 교사와 사역자가 현장에 많이 있다는 것이다. 그것은 부모도 마찬가지다.

그러나 성령이 충만한 교사는 성령님의 인도하심을 따라 접촉점을 만든다. 누구보다도 예수님은 접촉점의 대가셨다. 요한복음 3장과 4장은 예수님이 사람들에게 복음을 전하기 위해 어떻게 접촉점을 가지셨는지를 잘 보여 준다. 예수님은 사마리아 여인과 니고데모에게 다르게 접근하셨다.

사마리아 여인은 남편을 다섯 번이나 바꾼 부도덕한 사람이었다. 그래서 동네 사람들에게 비난과 멸시를 받으며 살았다. 이 여인에게 제일 견디기 힘든 것은 사람들의 따가운 시선이었다. 하지만 물을 먹지 않고 살 수는 없기에 물을 길으러 야곱의 우물에 나가야 했다. 요한복음 4장 6절은 이 여인이 물을 길으러 온 시각이 제6시, 우리나라 시간으로 낮 12시라고 기록하고 있다. 왜 이 여인은 태양 빛이 가장 뜨겁게 내리쬐는 시간을 택해서 물을 길으러 온 것일까? 그 시간이 사람들이 잘 다니지 않는 시간이었기 때문이다. 사람들의 시선이 부담스러웠던 그녀는 일부러 정오의 시간을 선택한 것이다.

이 여인에게 예수님은 어떻게 접근하셨을까? "물 좀 달라"고 접근하셨다. 그리고 "네가 만일 하나님의 선물과 또 네게 물 좀 달라 하는 이가 누구인 줄 알았더라면 네가 그에게 구하였을 것이요 그가 생수를 네게 주었으리라"(요 4:10)고 말씀하심으로 그 여인의 관심을 촉발시켰다. 그러고 나서 예수님은 "내가 주는 물을 마시는 자는 영원히 목마르지 아니하리니 내가 주는 물은 그 속에서 영생하도록 솟아나는 샘물이 되리라"(요 4:14)고 복음을 전하신 것이다.

예수님이 늘 이 방법을 사용하신 것은 아니다. 사람들마다 다른 접촉점을 가지고 만나셨다. 니고데모에게 가서는 "물 좀 달라"고 하지 않고 다른 방법을 사용하셨다. 그 접촉점은 '거듭남'이었다. 바리새인이요, 유대인의 관원이요, 이스라엘의 선생으로서 하나님에 대해 많은 지식을 갖고 있었던 그에게 거듭남의 주제를 말씀하심으로 복음을 제시한 것이다.

성령의 인도하심을 따라 가르치는 교사는 접촉점을 알아야 한다. 또한 접촉점을 알면 복음을 효과적으로 제시할 수 있다. 성령의 인도하심으로 아이들에게 맞는 새 생명 교재를 만들었다. 아이들과의 접촉점을 생각하면서 만든 교재는 그야말로 대박이었다.

4영리를 가지고 복음을 전하는 것은 너무나 귀한 일이다. 그러나 아이들을 변화시키고 싶다면 아이들에게 맞는 접촉점을 갖고 복음을 제시할 줄 알아야 한다. 그들이 왜 반항하는지, 왜 권위와 지시를 거부하는지, 부모와 어떤 갈등을 겪고 있는지, 왜 예측할 수 없게 움직이고 있는지, 왜 연예인과 인터넷 게임에 그토록 빠지는지, 왜 외모에 관심이 많은지, 왜 신경질적인지 그 접촉점을 알고 가르쳐야 한다. 사춘기 시절 성령의 가르침으로 지혜롭게 나를 인도했던 그 친구처럼 말이다.

"인환아, 교회 가면 여자친구를 사귈 수 있어."

지금은 이 땅에 없지만 아이들을 가르칠 때마다 성령의 인도하심에 민감했던 그 친구가 종종 생각나곤 한다. 그가 좋아했던 성경 구절과 함께.

"유대인들에게 내가 유대인과 같이 된 것은 유대인들을 얻고자 함이요 율법 아래에 있는 자들에게는 내가 율법 아래에 있지 아니하나 율법 아래에 있는 자같이 된 것은 율법 아래에 있는 자들을 얻고자 함이요"(고전 9:20).

당신의 질문에 아이들이 반응을 잘 보이는가? 당신은 자연스러운 질문과 대화를 통해서 분반공부를 인도하고 있는가? 아니면 아직도 일방적인 강의만 하고 있는가? 어떻게 하면 아이들의 반응을 끌어낼 수 있을지 나눠보자.

 성령으로 가르치는 교사는 아이들의 친구다

마이클 윌리엄스(Michael Williams)의 '산파 이야기(The Midwives Story)'라는 글을 보면 다음과 같은 내용이 나온다.

"세상과 사람들과 사회를 변화시키기 위한 수단으로 하나님께서 모든 사람들에게 필요한 교제를 선택하셨다는 것은 주목해야 할 사실이다."

효과적인 가르침은 '교제(Koinonia)'가 살아 있을 때 가능하다. 학생과 교사가 주고받는 교제가 없는 분반공부는 아이들이 싫어할 뿐 아니라 아무런 변화도 일으키지 못한다. 그러나 누구나 이 교제를 경험할 수 있는 것은 아니다. 이 교제는 성령 안에 있을 때

가능하다. 초대교회가 성령 충만했을 때 가장 먼저 회복된 것도 교제였다. 성령 안에서 서로 친구가 되는 것이다.

> "믿는 사람이 다 함께 있어 모든 물건을 서로 통용하고 또 재산과 소유를 팔아 각 사람의 필요를 따라 나눠 주며 날마다 마음을 같이하여 성전에 모이기를 힘쓰고 집에서 떡을 떼며 기쁨과 순전한 마음으로 음식을 먹고 하나님을 찬미하며 또 온 백성에게 칭송을 받으니 주께서 구원받는 사람을 날마다 더하게 하시니라"(행 2:44-47).

성령님은 사람의 말로 가르치게 하지 않고 하나님의 말씀대로 아이들의 친구가 되게 하신다. 성경에서 성령을 뜻하는 '파라클레토스(παράκλετος)'는 피고인 친구를 위해 재판관에게 선처를 호소하는 변호자, 중재자, 협조자를 지칭하는 말로 사용된 것에서 유래되었다. 성령님은 우리의 친구가 되시고, 교회학교 안에서 우리가 친구를 만나 교제할 수 있도록 인도하신다. 그러기에 성령님의 인도하심을 받는 탁월한 교사는 아이들에게 친밀한 친구가 된다.

아이들에게 친구는 정말 중요하다. 친구가 어떤가에 따라서 교회에 가기도 하고 포기하기도 한다. 앤디 스탠리(Andy Stanley)와 스튜어트 홀(Stuart Hall)의 『7체크 포인트』를 보면 기억할 만한 보고서가 있다. 1960년대에 미국에서 학생들에게 실시한 갤럽 조사에 따르면 10대들의 삶에 가장 큰 영향력을 미치는 존재는 부모님, 선생님, 영적 지도자들이었다. 그러나 최근 조사에 따르면 친구들, 대중매체, 부모님으로 바뀌었다. 친구의 영향력이 가장 커져 버린 것이다.

친구는 아이들의 인생을 바꾸는 가장 훌륭한 교사다. 무엇보다도 우리가 가장 본받고 싶어 하는, 가장 위대한 교사이셨던 예수님이 그러셨다. 예수님은 우리에게 진정한 친구로 다가오셔서 우리를 가르치셨다. 친구의 영향력을 아셨던 것이다.

> "사람이 친구를 위하여 자기 목숨을 버리면 이보다 더 큰 사랑이 없나니 너희는 내가 명하는 대로 행하면 곧 나의 친구라 이제부터는 너희를 종이라 하지 아니하리니 종은 주인이 하는 것을 알지 못함이라 너희를 친구라 하였노니 내가 내 아버지께 들은 것을 다 너희에게 알게 하였음이라"
>
> (요 15:13-15).

수원기독초등학교 교목이자 수원원천침례교회 대표 목사이신 김요셉 목사님은 탁월한 교사다. 그분의 가르침으로 수많은 사람이 변화되는 것은 가르침의 내용도 탁월하지만 그분의 가르침에는 친구 같은 친근함이 있기 때문이다. 그분은 단번에 사람들과 친구가 되신다.

많은 이유가 있겠지만, 학생 시절 그분의 돌반(?)에서의 경험이 오늘날의 그분을 만든 것 같다. 그분은 한때 학교의 진학률을 높이기 위해 만든 돌반이라 부르는 취업반에 들어가신 적이 있다. 오후 2시면 수업이 끝난다는 복음을 듣고 들어간 것이다. 그런데 그곳에서 평생을 같이할 진정한 친구들을 사귈 수 있었다고 한다.

성령으로 가르치는 교사는 아이들의 친밀한 친구다. 말로 아이들을 변화시키려고 하지 않고 아이들의 친구가 된다. 그런데 요즘 교회에 교사는 많은데 친구 같은 교사는 적다. 항상 머리 위에서 부족한 아이들을 잘 가르쳐야 한다고 생각한다. 게다가 친구로 다가가기에는 너무나 어색한 분위기가 교회학교에 있다.

처음 마음먹고 교회에 간 때였다. 여자친구를 사귀기 위해 긴장과 기대가 뒤섞인 채로 친구와 함께 교회에 들어갔다. 그런데 멀리서 긴 머리의 소녀가 다가오는 것이 아닌가? 나는 설레기 시작했다. 그런데 가까이 다가올수록 이상했다. 여자라는 확신이 들지 않았다. 여자라고 하기에는 외모가 영 아니었다. 그때 친구가 이렇게 말했다.

"인환아, 인사해. 내 여자친구야."

"안녕하세요, 인환 형제님. 저 미자예요."

"어, 아~ 네."

나는 당황했다. 도저히 여자의 얼굴이라고는 상상하기 힘든, 그야말로 씩씩하고 넓적 풍만한 얼굴이 내 앞에 있었던 것이다. 배신당한 느낌이었다. 그리고 생각했다. '아! 하나님이 세상에서 남자친구를 사귈 수 없는 여자아이들을 불러다가 나같이 순진한 아이들과 엮어 주시는구나.'

그러나 진짜 당황한 것은 다음 두 가지 이유 때문이었다. 첫 번째는 당시 욕을 입에 달고 동네에서 골목대장을 하던 나는 처음으로 듣는 '님'이라는 존칭에 어색했다. 또래 여학생에게 막말이 아닌 존칭을 듣는다는 것은 거리감을 느끼게 했다. '나와는 다른 아이구나'라고 생각했다. 예의 바르다는 생각이 들기보다는 너무 종교적이라는 느낌이 풍겼다. 나는 당시 "야, 이 강아지야!"라는 욕을 밥 먹듯이 하던, 세상에 찌든 아이였기 때문에 더욱 그랬다.

게다가 친구들 사이에서 욕을 잘하는 것이 인기를 얻는 비결이었던 시절, 우리는 친한 사이일수록 호칭으로 욕을 사용했다. 그래서 친구들과 잘 어울리기 위해 욕을 연구하기도 했다. 그러던 어느 날 세상의 모든 것이 욕으로 변질될 수 있음을 깨달았다. 어머니가 사 오신 깻잎이 찢겨 있었다. 그것을 보는 순간 "야, 이 찢긴 깻잎 같은 ○○야!"라는 욕이 생각났다. 그래서 나가서 써먹었다. 아이들이 다 뒤로 자빠졌다. 이후 나는 당당히 친구들의 인기를 얻고 동네 짱으로 등극(?)했다. 당시 이렇게 타락했던 내가 '님'자를, 그것도 또래 여학생에게 들었으니 얼마나 당황했겠는가?

당황한 두 번째 이유는 '형제'라는 어울리지 않는 표현 때문이었다. 나는 삼 남매 중 장남으로 태어났다. 위로 6년 터울의 누나가 있고 아래로 세 살 어린 남동생이 있다. 사람들이 남동생과 나를 형제라고 부른다. 하지만 동생이 나를 "안녕, 인환 형제!"라고 부른 적은 한 번도 없다. 그렇게 부르지 않아도 우리는 형제였기 때문이다. 형제가 형제라고 부르는 것은 정말 어색한 일 아닌가? 그런데 처음 만난 여자아이가 "인환 형제님!"이라고 부른 것이다. 전혀 예측하지 않았던 호칭과 상황으로 순간 교회에 대한 이질감과 당혹감을 느꼈다. 교회 문화에 익숙해진 지금 같으면 "네, 자매님!"이라고 대답할 수 있겠지만 그때는 도저히 그렇게 말할 수 없었다. 어색함 속에서 나는 손을 내밀어 악수를 청하는 그 여자아이를 그냥 멍하니 쳐다볼 수밖에 없었다.

"야, 여자아이가 이게 다냐?"

"아니야, 인환아. 기도회에 가면 여자아이들이 떼거지로 있어!"

나는 다시 설레기 시작했다. '그럼 그렇지!' 겨우 어색함을 모면하고 모임 장소에 들어갔는데, 뒤로 자빠질 뻔했다. 모든 여자아이들의 얼굴이 미자 같았기 때문이다. 크리스천들에게는 모두 은혜로운 얼굴이었겠지만 세상의 평범한 사춘기 소년이었던, 외모를 중요하게 여겼던 내게는 정말 주님의 은혜가 아니고서는 도저히 바라볼 수 없는 아이들이 떼로 모여 있었다.

그런데 이상한 분위기가 감지되었다. '기도회'라는 것을 하고 있었는데 여자아이들이 돌아가면서 뭔가 이야기를 나누고 있었다. 지금은 기도제목을 나누는 것이 자연스럽지만 처음 진지하게 교회 공동체에 들어간 나는 그 광경이 매우 어색했다. 그런데 나를 더 놀라게 하고 이해할 수 없게 만든 것은 그 내용이었다. 자기 친구가 교회에 오지 않는다고, 오게 해 달라고 말하면서 우는 것이었다. 난 속으로 생각했다. '그게 울 일인가? 부모가 돌아가신 것도 아닌데….' 울면서 기도하는 여학생들의 모습에 얼마나 이질감을 느꼈던지, 그날 돌아오면서 교회 다니는 애들은 내 취향이 아니라고 생각했다.

교회에 대해 잘 몰랐지만 이런저런 첫인상 속에서 교회는 내가 갈 곳이 아니라는 생각이 들었다. 모처럼 기대를 갖고 간 교회였지만 다니고 싶지 않다는 생각을 하며 집으로 돌아왔다.

찰스 스탠리는 『변화를 이끄는 성령 충만의 법칙』에서 다섯 번째 법칙을 이렇게 말했다.

"성령 충만하면 나보다 남을 먼저 생각한다."

교회가 아이들을 하나님께로 인도하고 싶다면 무엇보다도 세상 속의 아이들이 들어갈 수 있는 이미지가 중요하다. 교회는 거룩해야 하지만 이질적으로 느껴지지 않고 친숙한 이미지를 줘야 한다. 예수님이 그러셨다. 예수님은 죄인들조차 환영받고 있다고 느낄 수 있도록 친숙한 이미지를 주는 환영의 대가셨다. 비난받는 죄인이든, 세리든 예수를 만나면 편안함을 느끼고 쉼을 누렸다. 예수님이 그들의 친구가 되셨기 때문이다.

"인자는 와서 먹고 마시매 너희 말이 보라 먹기를 탐하고
포도주를 즐기는 사람이요 세리와 죄인의 친구로다 하니"
(눅 7:34).

성령 충만한 예수님은 죄인들의 친구가 되셨다. 그들을 배척하지 않고 그들과 잘 어울리는 분이셨다. 이런 예수님의 모습은 죄인과 세리들을 하나님 말씀 앞으로 쉽게 인도할 수 있었다.

그러나 오늘날 가르침의 현장에는 강의를 하는 교사는 많은데 아이들의 친구는 없다. 아이들에게 친근하게 다가서는 사람이 없다. 지구촌교회에 가자마자 수련회를 가기 전에 아이들에게 설문 조사를 한 적이 있다. "왜 수련회를 안 가려고 하는가?"라는 질문에 대다수의 아이들이 "재미가 없어서", "친구가 없어서"라고 대답했다.

친구가 없는 교회, 친근하게 대해 주는 사람이 없는 교회에서 아이들을 변화시키기 위해 교사가 할 수 있는 가장 좋은 것은 아이들의 친구가 되어 주는 것이다. 죄인과 세리를 구원하기 위해 그들의 친구가 되어 주신 예수님처럼 말이다.

친근한 이미지를 잃어버린 채 딱딱하게 성경을 가르치는 선생님으로 이미지가 굳어진 교회로부터 아이들이 떠나고 있다. 분반공부 시간에 친구 간의 교제를 통한 배움은 없고 지식을 가르치는 가르침만 있다. 그 결과 아이들은 하나님의 학교인 교회학교를 떠나고 있다. 우리의 목적이 잘못되었기 때문이 아니다. 성령

의 인도하심을 따라 아이들의 친구가 되지 않았기 때문이다.

교회는 잃어버린 양을 찾는 것이 일차적인 목적이다. 이 시대에 가장 많이 잃어버린 양은 아이들이다. 20년 전, 교회가 10대들로 넘쳐 나던 때가 있었지만 지금은 중소형 교회는 물론 대형 교회라도 10대들을 찾아보기가 어려운 실정이다. 아이들의 친구가 되어 주지 못하고 주일에 몇 십 분 가르치는 것이 가르침이라고 생각하는 시대를 살고 있기 때문이다.

아직도 교회학교는 아이들에게 친구 같은 모습이 아니라 이질적인 모습으로 남아 있다. 세리와 죄인들이 말씀을 들으러 나올 때 바리새인과 서기관들이 원망하며 예수님이 죄인을 영접하고 음식을 같이 먹는다고 불평한 것처럼 교회도 그런 불평을 들을 수 있다면 얼마나 좋을까?

아이들 사역을 하면서 머리에서 떠나지 않는 말 중 하나가 "인환 형제님!"이라는 말이었다. 그 말에 당황해서 교회는 나와 맞지 않는 곳이라고 생각했던 시기를 생각하면서 지금 아이들에게 맞는 친구 같은 교사가 되려고 노력한다.

친근한 교회학교의 이미지를 만들기 위한 노력은 사역의 곳곳에 숨어 있다. 수련회 주제나 찬양축제 카피를 만들 때도 철저하게 아이들에게 친근한 언어를 사용한다. 요한복음으로 시리즈 설교를 할 때 "니들이 믿음을 알아?"라는 제목을 잡은 것도 그중 하나다. 빌립보서의 제목은 "유머의 대가가 되어라"로 붙였다. 아이들은 기쁨이란 말보다 유머를 더 좋아하기 때문이다. 나는 3개월 간 아이들에게 크리스천은 진정한 유머의 대가라고 설교했다. 그러자 아이들이 하나님이 주시는 기쁨을 느끼게 되었다.

물론 그 기쁨은 가르침의 현장인 교육 목장에서 성령의 인도하심을 따라 친근한 이미지로 자연스럽게 모임을 인도하는 아이들의 친구, 교육 목자님들이 있기에 가능한 것이었다. 그로 인해 우리는 매년 하나님이 주시는 건강한 성장과 폭발적인 부흥을 맛보고 있다. 교사들이 주님처럼 성령의 인도하심을 따라 아이들의 친구가 되면 아이들은 변화될 것이다.

오늘따라 이 말씀이 마음에 남는다.

"모든 세리와 죄인들이 말씀을 들으러 가까이 나아오니" (눅 15:1).

아이들에게 친구가 되고 있는가? 그렇다면 다음 두 가지를 체크하라. 첫째, 아이들에게 어떤 별명으로 불리고 있는가? 별명은 아이들이 느끼는 이미지다. 별명이 없다면 아이들과 그만큼 거리가 멀다는 증거이다. 둘째, 분반공부 시간에 웃는 일이 많은가? 웃음은 친근함의 표시다. 아이들의 친구가 되기 위해 어떻게 노력할 것인지 나눠 보자.

성령으로 가르치는 교사는 영혼을 포기하지 않는다

"인환아, 교회 가자."

이 소리는 계속되었다. 비가 오나 눈이 오나 그 친구는 한 번도 빠지지 않고 나에게 찾아와서 소리를 질렀다. 그 친구는 한국인 고유의 고집과 끈기로 떨어져 나가지를 않았다. 나는 그 친구를 피하기 위해 일요일임에도 불구하고 일찍 일어나 학교 운동장으로 도망가야 했다. 하지만 그때 그 친구의 끈질김이 없었더라면 나는 지금 구원받고 하나님의 자녀가 되지 못했을 것이다.

계속 피해 다닐 수는 없었다. 단호하게 "다시는 오지 마라"고 말하려고 벼르고 있었다. 그러던 내게 드디어 기회가 왔다. 6월쯤이었다. 친구가 그날도 어김없이 교회에 가자고 했다.

"인환아, 교회 가자."

"야, 교회 재미없어. 이제 그만 졸라."

"그래? 재미가 없다고? 그럼 이번에는 꼭 가자."

"왜?"

"수련회가 있어."

"수련회가 뭔데?"

"놀러 가는 거야."

"뭐, 교회에서도 놀러 가?"

"그럼."

"어디로?"

"강화도로."

"뭐, 강화도? 거기 바닷가잖아."

"그래. 4박 5일로 간데."

"그렇게 오래? 그럼, 회비가 있을 거 아니야."

"있지. 1,000원."

"뭐? 그렇게 싸?"

"인환아, 그러니까 같이 가자."

"…"

내 인생에서 두 번째로 교회에 가야 하는 중대한 이유를 발견하는 순간이었다. 그 친구는 필요 중심 전도의 대가였다. 성령 충만한 그 아이는 나의 필요를 정확하게 알고 있었다. 특별한 전도 훈련을 받은 아이는 아니었지만 어떻게 해야 친구를 교회로 데려갈 수 있는지 알고 있었던 것이다.

사춘기를 지나고 있는 아이들은 작은 연료 탱크를 가지고 '성인으로의 여행'을 떠나는 소형 자동차와 같다. 연료는 가족의 사랑과 격려다. 사랑과 격려가 아이들의 마음속에 가득 채워져도 탱크가 작기 때문에 자주 보충해야 하는 시기다. 그래서 사춘기에 진입하기 전 가족과의 여행은 아이들에게 줄 수 있는 최고의 선물이라 할 수 있다. 또한 사춘기 아이들에게는 친구들과 어울려 여행을 하는 것도 매우 가치 있는 일이다.

하지만 나는 "수련회 가자"는 친구의 말을 듣기 전까지 그런 여행을 거의 해 보지 못했다. 모두가 가난하던 시절이었기 때문이다. 지금은 형편들이 좋아져서 여름이면 바캉스나 여행을 떠나지만 먹고살기 힘든 시절, 부모의 관심은 오직 자녀들 학비와 책값을 대 주는 것이었다. 그런 시절에 "놀러 가는 거야"라는 친구의 말은 얼마나 나를 설레게 했는지 모른다.

친구의 말을 듣는 순간 초등학교 5학년 때 어머니와 함께 수산포 해수욕장에 갔던 기억이 되살아났다. 파란 바다를 보면서 초라한 자신에 대한 열등감과 두려움을 갖고 있던 마음이 처음으로 넓어졌던 그 시간을 다시 경험하고 싶었다. 게다가 바닷가에 가서 친구들, 그리고 이성 친구와 해변을 걸을 수 있다는 환상적인 그림이 떠오르자 참을 수가 없었다.

'그래, 바닷가에 가서 여자친구와 아름다운 로맨스를 만들어 보는 거야.'

교회에 다시 나가지 않겠다는 굳은 결심은 친구의 탁월한 필요 중심의 전도로 한순간에 무너졌다. 예전의 강퍅한 생각은 온데간데없고 오직 가고 싶다는 생각만 굴뚝같았다. 하지만 망설여졌다. 순간 창피하다는 생각이 들었다. 다른 친구들은 이때를 기다리며 평소에 교회를 잘 다녔지만 나는 그렇지 못했기 때문이다. 이제까지 교회에 안 다니다가 놀러 가기 위해 다시 얼굴을 내밀기가 부끄러웠다. 아쉽지만 사나이 자존심을 지켜야겠다고 생각했다.

"야, 근데 못 가겠어."

"왜? 이렇게 좋은 기회를 포기하려고?"

"할 수 없잖아. 여태 교회 안 다니다가 놀러 간다고 갑자기 교회 가는 거 쪽팔리잖아."

그러자 친구가 어느 목사님에게서도 들을 수 없었던 탁월한 메시지를 전했다.

"인환아, 생각해 봐. 순간의 쪽팔림보다 4일간의 즐거움을 선택해야 하지 않겠니?"

그 말을 듣는 순간 번쩍하고 번개가 머리를 치고 지나갔다. 정말 그랬다. 순간의 선택이 10년을 좌우하는 것이 아닌가? 나는 회개(?)했다. 창피한 생각을 버리고 오직 놀 수 있다는 것에 집중하기로 결정했다.

나는 이제껏 그 누구에게도 이렇게 탁월한 메시지를 들은 적이 없다. 청중을 완전히 이해하는 사람에게서 오는 파워 있는 메시지가 전해진 것이다. 성령의 인도하심을 받는 아이는 역시 달랐다.

갈까 말까 갈등하고 주저했던 내 마음은 가야겠다는 생각으로 완전히 기울었다. 밤새 한숨도 못 잔 채 나는 강화도로 향하는 버스에 몸을 실었다. 그리고 강화도로 향하는 동안 바닷가에서의 로맨스를 꿈꾸며 기대에 부푼 나는 설렘 속에서 그때는 전혀 헤아릴 수 없었던 변화의 시간을 향해 달려가고 있었다. 마치 사마리아 여인이 변화의 시간을 향해 우물가로 발걸음을 옮기듯이 말이다.

> "사마리아 여자 한 사람이 물을 길으러 왔으매 예수께서 물
> 을 좀 달라 하시니"(요 4:7).

생각해 보면, 웃음만 나오는 그때 그 친구의 끈질긴 설득이 아
니었다면 난 하나님의 자녀로 살지 못했을 것이다. 그 아이는 그
아이의 지혜로 나를 인도한 것이 아니라, 성령의 인도하심을 따
라 끈질기게 나를 인도한 것이다.

기독교 교육의 목표는 단순히 성경을 가르치는 것이 아니다. 성
경에 나와 있는 교리를 가르치는 것은 더욱 아니다. 그것이 필요
없다는 말이 아니다. 단순히 성경을 통해 전해진 지식만으로는
아이들이 변화되지 않는 경우가 얼마나 많은가? 성경 지식은 목
표에 대한 수단이지 목표 그 자체는 아니다.

로이 주크는 "성경의 내용에 대한 이론적인 지식은 절대 없어서
는 안 되지만, 그것 자체가 자동적으로 영적 성장을 보장해 주지
는 않는다. 그 이상의 것(성경의 진리를 자신의 경험으로 수용하려는 의향
을 가진 민감한 마음)이 필요하다"고 했다. 나를 포기하지 않은 끈질
긴 친구는 바로 그 민감한 마음을 갖고 있었던 것이다. 내가 변화
의 현장인 수련회에 갈 수 있었던 것은 성경 지식으로 무장된 교
사가 아니라, 진리의 말씀대로 한 영혼을 향해 포기하지 않는 마

음을 갖고 접근해 온 친구 때문이었다.

성령으로 가르치는 사람은 주일 몇 십 분에 승부를 거는 사람이 아니다. 성령으로 가르치는 사람에게는 끈기가 있다. 몇 번 출석하지 않는다고 포기한다는 것은 있을 수 없다. 한 영혼을 바라보는 주님의 마음이 있기 때문이다.

많은 교사가 아이들을 변화시키지 못하는 이유는 성경에 대한 지식의 부재라고 생각한다. 하지만 교회학교 아이들이 빠져도 자신도 바쁘고 아이들도 바쁘다는 이유로 아이들에게 찾아가지 않는 사람은 성령의 인도하심을 받는 교사가 아니다. 성령님은 분명히 그 영혼에게 찾아가라고 말씀하시기 때문이다.

"인자가 온 것은 잃어버린 자를 찾아 구원하려 함이니라"
(눅 19:10).

서울의 조그만 교회의 교회학교 교사로 처음 아이들을 맡았을 때, 나는 성경을 잘 모르는 초보 중의 초보 교사였다. 그때 우리 반은 1년 만에 5명이던 아이들이 20명으로 늘어났다. 전도되어 온 아이들도 있었지만, 한두 번 출석했다가 나오지 않는 아이들을 찾아냈기 때문이다. 한 번 빠진 아이들을 모른 척하고 일주일을 그냥 지내 본 적이 없다.

"누구세요?"

"명준이 교회학교 선생님인데요."

"네?"

교회 선생님이 집까지 찾아올 줄 몰랐기에 난감해하는 목소리를 부담스러워하지 않고 계속 찾아갈 수 있었던 것은, 성령님이 내 마음에 이 소리를 계속해서 들려주셨기 때문이다.

"인환아, 교회 가자."

교회학교가 무너지는 현장에서 우리 집 앞에서 소리를 질렀던 그 친구의 목소리가 유난히도 그리워진다. 성령님이 보내신 그 아이가 말이다.

성령으로 가르치는 교사는 영혼을 찾는 일을 포기하지 않는다. 영혼을 찾는 일을 그만두는 유일한 때는 그 영혼을 찾았을 때다. 당신은 성령의 인도하심을 따라 가르치고 있다고 생각하는가? 그렇다면 교적에는 있지만 보이지 않는 아이들을 어떻게 찾을 것인지 나누어 보자.

 성령으로 가르치는 교사는 기도로 사람을 변화시킨다

앤드류 머레이(Andrew Murray)는 성령의 능력을 떠나면 기독교는 부흥할 수 없다고 했다. 그는 『그리스도의 영』이라는 책에서 "대다수의 성경 공부가 삶을 고양시키고 거룩하게 살도록 영향을 끼치지 못하는 이유는, 바로 성령을 통해 계시되고 받아들여진 진리가 아니라는 사실 때문이다"라고 말했다. 랜돌프 밀러(Randolph C. Miller)는 변화가 없는 교회학교의 현장을 신랄하게 비판했다. 그는 『기독교 교육과 교회』라는 책에서 "우리 시대의 평범한 주일학교는 신령한 요소들을 간과하고 있다. 관념적인 개념만을 가진 딱딱한 계획, 방법론, 프로그램의 노예일 뿐이다"라고 말하면서 성령의 가르침이 사라진 교회학교의 모습을 정확히 진단했다. 한국 교회를 정확하게 진단한 말이다.

성령의 인도하심을 따라 기도하지 않고 전하는 가르침은 아이들을 변화시키지 못한다. 기도함으로 성령의 역사하심을 경험한 사람만이 아이들을 변화시킬 수 있다. 그 이유는 무엇보다도 하나님의 말씀과 성령이 함께 역사하기 때문이다.

탁월한 성경 교사인 로이 주크는 『성령 충만한 가르침』에서 하나님의 말씀과 성령의 관계를 이렇게 말했다.

"성령의 역사 없이 우리는 진리를 받아들일 수 없으며(고전 2:12-15; 엡 1:17-18), 성령은 말씀과 더불어 사람들을 거듭나게 하고(요 3:5-7; 딛 3:5) 성결하게 하고(살후 2:13; 벧전 1:2) 바르게 하는 역할을 한다(요 14:26, 16:13; 고전 2:10-15)."

무슨 말인가? 크리스천의 마음 안에 있는 하나님의 말씀이 삶의 변화로 나타나기 위해서는 무엇보다도 성령의 역사가 있어야 한다는 것이다. 그 성령의 역사는 기도할 때 가장 강하게 나타난다.

"빌기를 다하매 모인 곳이 진동하더니 무리가 다 성령이 충만하여 담대히 하나님의 말씀을 전하니라"(행 4:31).

성경은 예수님의 제자들이 기도함으로 성령 충만한 사람으로 변화를 받아 하나님의 말씀을 가르칠 때 능력이 나타났다고 전하고 있다. 그러기에 성령으로 가르치고자 하는 교사는 무엇보다도 먼저 기도의 사람이 되어야 한다.

내가 처음 교사를 할 때, 성경에 대한 지식은 많지 않았지만 아이들이 변할 수 있었던 것도 기도만은 놓치지 않고 했기 때문이다. 그리고 그 기도의 시작은 예수님을 처음 믿을 때 중보기도로 성령을 받아 변화된 삶을 경험했기 때문에 가능한 것이었다. 그 기도의 경험은 생각지도 않은 곳에서 시작되었다.

"와, 바닷가다!"

"뭐? 바닷가?"

바닷가로 놀러 가는 설레임 때문에 밤새 잠을 자지 못했던 나는 초등학교 5학년 때 어머니와 함께 갔던 푸른 바다를 상상하며 졸린 눈을 떴다. 그런데 이게 웬일인가? 푸른 바닷가를 상상하며 눈을 떴는데 시커먼 갯벌만 눈에 들어왔다. 그래서 친구에게 물었다.

"근데 바다 색깔이 왜 이래?"

"서해 바다는 원래 그래."

"…"

도착하자마자 짜증이 났다. 강화도는 내가 꿈에 그리던 푸른 바다가 아니었다. 도착하자마자 밀물로 인해 바닷물이 빠져나간 갯벌에서 선배들이 집합을 시켰다. 그리고 한 번도 생각하지 못한 일이 일어났다. 군기를 잡겠다고 나선 선배들이 갯벌에서 "좌로 굴러, 우로 굴러"를 외치고 있는 것이 아닌가? 선배들에 의해 갯벌에서 뒹굴면서 이런 생각이 들었다.

'교회는 깡패들이 다니는 곳인가?'

믿음이 없는 나였지만 이것은 교회의 모습이 아니라는 생각이 들었다. 그런데 설상가상으로 저녁때가 되었는데 밥을 주지 않는 것이었다. 뭘 외워야 밥을 준다고 했다. 성경 암송을 말하는 것이다.

'머리 나쁜 사람은 밥도 먹지 말라는 건가? 역시 교회는 치사한 집단이야!'

모두가 성경 암송을 자연스럽게 받아들이고 있었지만, 수련회에 처음 참석한 나는 이해할 수 없는 일이었다. 밥을 먹지 못한 채 지루한 시간을 보내고 있었다. 밥은 굶었지만 여기저기 눈에 띄는 새로운 여자아이들의 얼굴만이 마음을 설레게 했다. 저녁을 먹고 한 시간쯤 지나자 이번에는 집회를 한다고 예배당으로 모이라고 했다. 예배당으로 들어가면서 나는 친구에게 다그쳐 물었다.

"도대체 언제 노는 거야?"

"이제 집회야."

"집회가 뭔데?"

집회가 노는 것인가라는 생각이 들자 갑자기 흥분되었다. 집회가 레크리에이션 시간인 줄 알았던 것이다. 그래서 '이번에는 춤을 추면서 노는가 보다'라는 생각으로 예배당에 들어섰다. 그동안 밥 못 먹고 갯벌에서 뒹군 보람이 있다고 느껴지면서 잘 참아 낸 자신이 대견해졌다.

그런데 수상한 분위기가 감지되었다. 집회를 인도하는 레크리에이션 강사 같은 사람이 나와서 정말 이상한 노래를 불렀다. 복음성가라는 것을 부르기 시작한 것이다. 태어나서 처음 듣는 노래였다. "가방을 둘러맨 그 어깨가 아름다워~" 이렇게 놀 때 부르는 노래가 아니었다. '왜 이상한 노래를 부르면서 레크리에이션을 하는 걸까? 어쨌든 레크리에이션만 잘하면 되지'라는 생각에 다른 아이들을 쳐다봤다. 처음 나온 아이들은 다 나와 같은 반응이었다.

요즘은 CCM 중에 믿지 않는 사람에게도 듣기 좋은 노래가 많이 있다. 예를 들면 〈당신은 사랑받기 위해 태어난 사람〉이나 〈야곱의 축복〉 같은 노래가 있다. 하지만 그때 당시 최신의 CCM은

〈예수님 찬양〉이었다.

분위기는 점점 이상해졌다. 앞에 나온 양복 입은 어른이 허스키한 목소리로 "할렐루야! 주님을 찬양합시다!"라고 말하며 손들고 인사했다. 세상에서는 쉽게 들을 수 없는 목소리였다. 나는 놀라서 친구에게 조용히 물었다.

"야, 저분이 레크리에이션 강사야?"

"아니."

"그럼 뭐하시는 분인데?"

"전도사님이야."

"야, 전도사는 뱀장수냐?"

"아니야."

"그런데 왜 뱀장수처럼 말을 해. 말투가 똑같잖아!"

"야, 신경 끄고 찬양이나 해!"

종이로 만든 차트에 적혀 있는 가사를 읽으며 〈예수님 찬양〉이란 노래를 부르기 시작했다. 그런데 특이했다. 모두가 이상한 폼으로 박수를 치면서 따라 부르는 것이었다. 게다가 앞에 있는 뱀장수 같은 어른은 정말 이상하게 노래를 인도했다. 갑자기 앞에 있는 탁자를 꽝꽝 두드리기 시작했다. 그러더니 방방 뛰면서 노래를 하는 것이 아닌가! 얼마나 뛰는지 1m씩은 뜨는 것 같았다. 더욱 이상한 것은 그 노래를 수도 없이 반복해서 박자도 무시하고 부르는 것이었다. 당황한 나는 다시 옆에 있는 친구에게 물었다.

"야, 저분 왜 저래? 뭐하는 사람이야? 왜 저렇게 뛰면서 노래를 부르는 거야?"

"전도사님이라니까."

"전도사? 야, 전도사가 무당이냐?"

"뭐? 아니야."

"그럼 왜 저렇게 방방 뛰면서 노래를 하는데. 무당도 저렇게 하잖아."

"아니라니까!"

내 생각에는 꼭 무당같이 보였다. 그런데 그 사람이 갑자기 약장수로 변했다.

"쥐~약!"

아니, '쥐약'을 찾는 것이 아닌가? 나는 친구에게 다시 물었다.

"야, 저분 약장수야, 뱀장수야?"

"뭐라고? 전도사님이시라니까."

"그런데 왜 쥐약을 찾는데?"

"쥐약이 아니라 '주여'야."

"아니야, 잘 들어 봐. 쥐약이라고 하잖아."

"야, 그냥 빨리 고개 숙여."

순간 그 약장수와 함께 모든 아이들이 두 손을 높이 들고 소리를 질렀다.

"쥐~약! 쥐~약! 쥐~약!"

아이들이 막 울기 시작했다. 예전에 토요일에 한번 갔을 때 사람들이 울던 것과는 차원이 틀렸다. 쥐약 찾고, 울고, 박수 치고, 처음 경험하는 분위기였다.

"얘들이 부모가 떼로 돌아가셨나?"

사실 부모가 돌아가셔도 그렇게 통곡하지는 않을 일이었다. 그런데 그 순간 여기저기서 괴상한 소리가 들려오기 시작했다.

"랄랄라 쏼라 쏼랄라라라라라 따따따 랄랄라….'

집회 장소는 점점 괴상한 분위기가 되고 있었다. 두려웠다. 눈을 감고 있을 수가 없어서 눈을 뜨고 그 광경을 지켜보면서 나는 생각했다.

'드디어 내가 사이비 종교집단에 빠졌구나!'

바로 그때였다. 전도사라고 하는 약장수가 "이 중에 사탄의 종이 되어 기도하지 못하는 불쌍한 아이가 있어요!"라고 말하는 게 아닌가! '이건 또 뭐지?'라고 생각하는 순간 약장수 전도사가 나를 가리키며 말했다.

"그 아이가 지금 눈뜨고 있어요!"

나는 얼른 고개를 숙이고 눈을 감았다. 그러자 애들이 더 큰 소리로 울면서 기도했다. 그러자 약장수인지 뱀장수인지 그 전도사가 아이들에게 이렇게 말했다.

"우리가 저 불쌍한 아이를 위해 기도합시다. 주님을 만나지 못해 방황하는 아이를 위해 함께 기도합시다."

아이들이 떼거지로 내게 몰려와서 나를 붙들었다. 그리고 전도사란 양반이 나를 붙들고 손을 얹더니 다시 이렇게 외치기 시작했다.

"쥐~약! 쥐~약! 쥐~약!"

그게 내 생애 첫 수련회의 경험이었다. 그런데 놀랍게도 나는 그렇게 당황스러운 강화도에서의 4박 5일을 지내면서 마지막 날 밤에 예수님을 구원자요 주님으로 만났다. 그들의 기도가 나를 변화시킨 것이다.

그해 수련회의 주제는 "주여, 내가 여기 있나이다"(Here am I)였다. 잃어버린 영혼을 위해 눈물로 기도하는 사람들을 통해 그렇게 변할 것 같지 않던 내가 예수님을 나의 구원자요 주님으로 인정한 것이다. 기도는 사람을 변화시킨다.

> "그러므로 내가 너희에게 알리노니 하나님의 영으로 말하는 자는 누구든지 예수를 저주할 자라 하지 아니하고 또 성령으로 아니하고는 누구든지 예수를 주시라 할 수 없느니라"(고전 12:3).

"교회학교 아이들을 위해 일주일에 몇 시간이나 기도하는가?", "아이들의 기도 제목을 구체적으로 알고 있는가?" 이 두 가지 질문 앞에서 자신의 기도 생활을 점검해 보자. 어떻게 아이들을 위해 기도할 것인지 구체적인 계획을 세우고, 결단하자.

아이들을 변화시키는 지구촌교회 교회학교 포인트

1. 아이들과 자주 접촉하라.

교회학교를 교육 목장으로 전환하고 나서 제일 달라진 것은 아이들과 교육목자가 주 중에 더 자주 만나게 됐다는 것이다. 처음에는 서로 바쁘다는 핑계로 잘 시행되지 않았지만 한 장로님이 아이들을 위해 시간을 내면서 출석률이 좋아지고 아이들이 변화된 것을 간증하면서 이제는 시간 내는 것을 당연하게 생각하고 있다. 교회학교 30분보다 아이들이 다니는 학원에서 5분 동안 잠깐 만나는 것이 아이들을 변화시킨다. 아이들의 삶의 현장에서 만나는 일이 많아지면서 아이들이 교회학교에 오는 표정이 달라졌다. 아이들의 특징에 대한 강의를 듣는다고 해서 아이들과 접촉할 수 있는 게 아니다. 아이들이 있는 곳이라면 어디든 가라. 그곳이 노래방이든 게임방이든 심지어 술집이든 가야 한다.

2. 아이들과 친한 친구가 되고 서로 친구가 되게 하라.

지구촌교회에는 아이들과 노는 목자들이 많다. 목자가 아이들과 어울리다 보니 아이들끼리도 자주 어울리게 된다. 아이들은 놀 때 친구를 사귄다. 아이들과 노는 시간을 갖지 못하는 교사는 아이들을 변화시킬 수 없다. 아이들은 잘 노는 교사를 찾는다. 잘 가르치는 사람보다 잘 노는 교사가 아이들의 마음을 연다. 가르치기 전에 놀아라. 놀다 보면 교사의 영성과 인격을 배우게 될 것이다.

3. 결석한 아이들을 반드시 찾아가라.

결석한 아이들을 찾아가는 것은 당연한 일이다. 아이가 나오지 않았다고 출석부에 체크하는 것으로 끝나는 사람은 가르칠 자격이 없다. 학원에서도 빠지면 전화한다. 학원만도 못한 교회학교 교사는 아이들을 변화시키기는커녕 관리도 못한다. 교사와 목자의 차이가 극명히 드러나는 부분이 이 부분이다. 교사는 수업 시간에 오지 않은 아이를 불러 다시 가르치지 않지만, 목자는 빠진 아이가 가장 궁금하다. 그래서 반드시 찾아간다. 지구촌교회 교육 전도사님 회의에는 교육 목자들이 빠진 아이들을 어떻게 심방했는지 그 결과가 전부 모아져 올라온다. 그리고 전도사님들은 그 아이들을 또 심방한다. 안 나올 수 없는 것이다.

4. 아이들을 위해 기도하라.

가장 쉬운 말이지만 가장 실천하지 않는 것이 바로 기도다. 아이들의 변화는 교사의 지식으로 되는 것이 아니라 성령의 인도하심으로 이뤄진다. 지구촌교회에서는 성령의 인도하심을 위해 기도하는 목자들이 많다. 교육목자 모임 시간에도 아이들을 위해 기도하고 학교와 학원으로 찾아가서 기도한다. 전화 심방을 할 때도 기도하는 목자가 많은데, 아이들은 놀랍게 변한다. 목자의 수첩에는 아이들을 향한 기도제목이 가득하다.

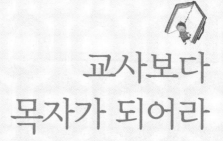

2부

교사보다
목자가 되어라

예수님은 자신을 가리켜 "나는 선한 목자라"고 하셨다.

목자는 양이 평안해질 때까지 돌보는 사람이다.

아이들을 가르치는 사람은 예수님처럼 양을 돌보는 목자가 되어야 한다.

아이들을 보호하고 돌보는 헌신이 있어야 한다.

"여인이 어찌 그 젖 먹는 자식을 잊겠으며

자기 태에서 난 아들을 긍휼히 여기지 않겠느냐

그들은 혹시 잊을지라도 나는 너를 잊지 아니할 것이라"

(사 49:15)

3장

생명을 걸지 않을 거면
가르치지 마라

하나님은 마치 어미가 자식을 키우듯이 우리를 생각하신다. 아이들을 가르치는 교사도 그 간절한 부모의 마음을 잃지 않아야 한다. 아이들을 위해 삶을 희생할 각오를 하는 절박함이 있어야 한다.

잘 가르치는 교사는 어머니처럼 희생한다

초등학교 시절에 어머니와 나누었던, 아직도 잊을 수 없는 대화가 있다.

"엄마! 안 가면 안 돼요?"

"다 너 잘되라고 가는 거야, 이 녀석아!"

"절에 간다고 다 잘되는 거 아니잖아요."

"이 녀석이, 얼른 따라와!"

나는 절 냄새가 싫었다. 그런데도 어머니는 막무가내로 장남인 나를 데리고 절에 가셨다. 불혹의 나이를 훌쩍 넘은 이제야 그 이유를 깨닫고 있지만, 당시 강압적으로 나를 데리고 절로 향하는 어머니를 도저히 이해할 수 없었다. 싫다는 아이를 데리고 갈 수밖에 없었던 것은 어머니의 절박함 때문이었다.

어머니는 어린 시절에 할아버지 밑에서 농사일만 죽어라고 했다. 공부하겠다고 말했다가 실컷 매만 맞으셨다. 시집와서도 어머니는 자식을 위해 단벌의 옷과 구멍 난 내의로 한겨울을 지내셨다. 화장은 고사하고 누나를 낳고 뒤늦게 군에 간 아버지를 대신해 홀로 우리를 키우시느라 몸은 녹초가 되었다. 생각건대 그런 어머니에게 절은 유일한 안식과 사랑의 공간이었고, 마음에 그늘이 있는 큰아들을 안내하고 싶은 장소였으리라.

당시 우리 집은 산동네의 높은 언덕에 있었다. 생각해 보면 출생 시절부터 위치적으로 하나님과 꽤 가까운 동네에 살았다. 생활 터전이 산동네였으니 말이다. 산동네에서 제대로 뒷바라지를 하지 못해 늘 미안해하시던 어머니의 마음 쓰심은 하늘의 흰 구름과도 같았다. 하늘과 아주 가까운 높은 언덕 위에서 때로는 먹을 것이 없어도 어머니를 통해 부어 주시는 사랑과 은혜가 있었다. 그리고 그런 어머니의 사랑은 막연하지만 하나님의 마음을 느끼게 해 주었으리라 생각된다.

"내가 너를 모태에 짓기 전에 너를 알았고 네가 배에서 나오기 전에 너를 성별하였고 너를 여러 나라의 선지자로 세

웠노라 하시기로"(렘 1:5).

하나님은 엄마의 심정으로 우리를 택하고 키우신다. 『삶으로 가르치는 것만 남는다』로 친숙한 김요셉 목사님의 글에서 그분의 어머니가 싸 주셨다는 도시락과 샌드위치 이야기가 인상 깊었다. 양은 도시락에 샌드위치를 싸 줘서 친구들에게 망신을 당한 김요셉 목사님의 불평에 어머니가 "첫 도시락이니까 네가 좋아하는 음식을 싸 주고 싶었다"고 대답하셨다고 한다. 그것이 엄마의 마음이다.

엄마는 자식만 생각한다. 하나님도 마찬가지다. 마치 어미가 자식을 키우듯이 자식만 생각하신다. 그래서 하나님을 생각하면 어머니가 생각날 때가 많다. 김요셉 목사님의 어머니처럼 신앙 교육을 잘할 수 있는 크리스천 어머니는 아니었지만, 나는 어머니를 통해 하나님의 희생을 느낄 수 있었다. 하나님은 꼭 어머니 같으셨으니까….

하지만 산동네 아이들에게 하나님은 쉽게 느껴지지 않았다. 하나님이 만드신 가정을 통해 하나님의 사랑과 은혜를 느끼기는커녕 가정을 만드신 하나님을 원망하기가 쉬웠다. 나 역시 그랬다. 아홉 살 때 할머니와 사별한 아버지는 가정에 대한 하나님의 계획을 알지 못하셨고 어떤 그림도 갖지 못하셨다. 심심치 않게 부부싸움이 벌어졌고, 때로는 자녀들을 때리기도 하셨다. 그런 가정에서 사랑과 안식을 느낄 수 없었던 나는 내면세계에 많은 문제를 안은 채 자라고 있었다.

아버지를 믿을 수 없는 아이, 불평과 원망이 가득한 아이, 분노와 거절감으로 상처 입은 아이로 자라던 시절, 나는 하나님께 의지하는 방법을 알 리 없었고 믿으려고 하지도 않았다. 아버지를 믿지 못하는 아이는 하나님 아버지를 믿는 데도 상당한 시간이 걸리기 때문이다. 그런 아들의 마음을 알았던 어머니는 안 가겠다고 고집부리는 것을 꺾어서라도 나를 절에 데려가려고 하셨던 것이다.

하지만 초등학교 고학년이 되면서 더 이상 어머니를 따라가고 싶지 않았다. 그러던 어느 날 기타를 치며 동네 이곳저곳을 돌아다니면서 아이들을 초청하는 여름성경학교 전도대를 보게 되었다. 순간 '엄마가 절에 다니는 것처럼 교회에 가 볼까?' 하는 생각이 들었다. 무엇을 붙잡으려는 구도자의 마음이 내게도 영향을 끼치고 있었던 모양이다. 게다가 교회는 절보다 분위기가 훨씬 현대적이었고 무엇보다도 맛있는 빵과 과자와 가방과 학용품을 선물로 줬기 때문이다.

"엄마! 나 교회 갈래!"

"안 돼!"

"왜요?"

"오늘 절에 가야 해."

"사월 초파일도 아닌데, 왜요?"

"이 녀석이 가라면 가지, 웬 말이 그리 많아. 안 돼!"

"싫어요! 갈 거예요. 엄마가 절에 다니는 것처럼 전 교회 다닐래요!"

"…"

잠시 침묵이 흐른 뒤 어머니는 여름성경학교를 갈 수 있도록 조건부 허락을 하셨다. 나중에 안 일이지만 "엄마가 절에 다니는 것처럼 전 교회 다닐래요"라는 말이 어머니 가슴에 비수처럼 꽂혔다고 한다. 그날 아들을 위해 힘들게 모은 돈을 갖고 절에 가려고 했던 어머니의 마음속에 성령님이 역사하신 것이다.

나는 어머니의 허락을 받고 뛰쳐나가 바로 우리 집 앞에 있는 작은 교회로 달려갔다.

"즐거운 여름학교, 하나님의 집…"

어머니의 허락은 나를 선택하고 부르신 하나님의 초대였다. 부모의 따뜻한 관심이 필요한 어린 시절, 제대로 뒷바라지를 해 주지 못한다고 생각했던 어머니는 친구들과 어울려 언덕을 뛰어다니며 위험하게 뒹구는 장남이 '어떤 것이라도 붙들고 의지하면 좋겠지'라는 막연한 생각을 하신 것 같다. 하나님은 그 마음을 사용하셔서 나를 부르신 것이다. 하나님은 이렇게 어머니의 마음을 사용하셔서 우리를 부르신다.

"너희가 나를 택한 것이 아니요 내가 너희를 택하여 세웠나니 이는 너희로 가서 열매를 맺게 하고 또 너희 열매가 항상 있게 하여 내 이름으로 아버지께 무엇을 구하든지 다 받게 하려 함이라"(요 15:16).

이후 나는 동네 근처에 있는 교회를 제집 드나들 듯 자유롭게 출입할 수 있었다. 그러던 어느 날, 문지방을 나서는 나를 어머니가 급히 세우더니 이렇게 말씀하셨다.

"인환아, 하나님 믿으려면 잘 믿어야 해. 장난하지 말고 좋은 말씀 잘 들어라."

자녀를 잘 가르칠 수 있다면 무엇이든 하고자 하는 간절한 어머니의 마음이 느껴졌다. 귀신 들린 딸을 위해 소리치며 "나를 불쌍히 여겨 주옵소서"라고 외쳤던 가나안 여인처럼 나를 향한 어머니의 마음은 그만큼 간절했다.

아이들을 맡은 교육 전도사가 되었을 때, 나는 어떤 사역자가 되어야 할까 고민하며 금식기도를 한 적이 있다. 그때 하나님은 나에게 어머니의 모습을 떠올리게 하셨다. 아이들의 교사가 된다는 것, 그것은 아이들의 부모가 되는 것임을 말씀하시는 하나님의 음성이었다.

이후 아이들을 가르칠 때 나의 기도제목은 오직 한 가지다. 간절한 어머니의 마음을 잃지 않게 해 달라는 것이다. 특히 아이들을 위해 복음을 전하는 새 생명반 강의를 할 때 나는 이 기도를 빼

놓지 않는다. 부모의 간절한 마음속에 영혼을 가르치는 자의 영성이 숨 쉬고 있음을 느끼기 때문이다. 가르치는 자가 가져야 하는 부모의 간절함, 그것은 탕자의 비유에 나타난 아버지의 마음을 통해 보다 분명히 알 수 있다.

> "이에 일어나서 아버지께로 돌아가니라 아직도 거리가 먼 데 아버지가 그를 보고 측은히 여겨 달려가 목을 안고 입을 맞추니 아들이 이르되 아버지 내가 하늘과 아버지께 죄를 지었사오니 지금부터는 아버지의 아들이라 일컬음을 감당하지 못하겠나이다 하나 아버지는 종들에게 이르되 제일 좋은 옷을 내어다가 입히고 손에 가락지를 끼우고 발에 신을 신기라"(눅 15:20-22).

부모는 자식을 측은히 여긴다. 성경은 그 측은히 여기는 마음이 있을 때 하나님께 붙들린 진정한 교사가 될 수 있다고 말씀하신다. 성경이 말하는 가르치는 자는 선생이 아니라 영적 부모다. 다시 말해서 교사는 성경에 대한 강의를 하는 사람이 아니라 영혼을 구원하고 잘 성장시키기 위해 누구보다도 절박하고 간절한 마음을 갖는 영적 부모다.

그러나 우리 시대의 가르침은 이 절박하고 간절한 어머니의 마음을 잃어버렸다. 하나님에 대해 가르치는 자는 있지만 하나님

아버지의 마음을 지닌 아비의 영성이 사라진 교육 현장으로 바뀐 지 오래다. 그래서 가르치는 게 힘들고 포기하는 것이 쉽다. 단벌의 옷을 입으면서도 아이들을 가르치려는 어머니의 심정이 없다. 이런 교사들에게서 배우는 아이들은 자리에 앉자마자 이런 말을 내뱉는다.

"선생님, 저 5분 있다 가야 해요. 빨리 끝내 주세요."

시대가 부모의 마음을 잃어버렸기에 하나님의 초대를 가볍게 여기는 아이들, 아니 하나님의 간절한 초대를 느끼지 못하는 아이들을 보면 사도 바울이 안타깝게 고백한 이 말씀이 생각난다.

> "그리스도 안에서 일만 스승이 있으되 아버지는 많지 아니하니 그리스도 예수 안에서 내가 복음으로써 너희를 낳았음이라"(고전 4:15).

교사는 아이들의 영적 어머니다. 자신의 병은 아무것도 아닌 것으로 여기면서 자식들의 작은 아픔에는 눈물을 멈추지 않는 어머니다. 자식의 잘못을 보면서 자신의 책임으로 느끼며 눈물로 밤을 지새우는 어머니다. 자신의 필요보다 자식의 필요를 채우기 위해 다 내놓으며 아까워하지 않는 어머니다. 하나님만 바라보며 속 썩이는 자식 같은 아이들을 생명 걸고 키우는 어머니다.

이런 어머니 같은 교사가 되려고 마음으로 자주 읽었던, 심순덕

씨의 〈어머니는 그래도 되는 줄 알았습니다〉라는 시를 소개하면서 우리 시대에 찾아야 할 교사의 모습을 생각해 본다.

어머니는 그래도 되는 줄 알았습니다.

하루 종일 밭에서
죽어라 힘들게 일해도
어머니는 그래도 되는 줄 알았습니다.

찬밥 한 덩이로
대충 부뚜막에 앉아 점심을 때워도
어머니는 그래도 되는 줄 알았습니다.

한겨울 냇물에서 맨손으로 빨래를 방망이질해도
어머니는 그래도 되는 줄 알았습니다.

배부르다, 생각 없다, 식구들 다 먹이고 굶어도
어머니는 그래도 되는 줄 알았습니다.

발뒤꿈치 다 헤져
이불이 소리를 내도

어머니는 그래도 되는 줄 알았습니다.

손톱이 깎을 수조차 없이 닳고 문드러져도
어머니는 그래도 되는 줄 알았습니다.

아버지가 화내고 자식들이 속 썩여도 끄떡없는
끄떡없는 어머니의 모습.

돌아가신 외할머니가 보고 싶으시다고
외할머니가 보고 싶으시다고
그것이 그냥
넋두리인 줄만 알았던 나.

한밤중 자다 깨어 방구석에서
한없이 소리 죽여 울던
어머니를 본 후론…

어머니는 그러면 안 되는 것이었습니다.

간절한 부모의 심정으로 아이들을 가르치고 있는가? 아니면 매너리즘에 빠져 습관적으로 가르치고 있는가? 그것을 확인하고 싶다면 아이들을 위해 기도하는 시간과 가르치는 일을 위해 준비하는 시간, 그리고 아이들을 만나는 시간이 일주일에 얼마나 되는지 체크해 보라. 천하보다 귀한 영적 자녀를 위해 얼마의 시간을 사용하고 있는가?

 잘 가르치는 교사는 진짜 생명을 건다

김요셉 목사님과 이야기하면 시간 가는 줄 모른다. 정말 재미있고 친근하면서도 늘 도전을 주신다. 그래서 그분의 책을 몇 번이나 되풀이해서 읽었다. 그 책을 읽고 여러 가지 유익한 것이 참 많았지만 진정한 가르침에 대한 교훈을 주었던 칼 파워스 상사의 이야기를 잊을 수 없다.

가난했던 김장환이라는 소년을 한국 교회의 위대한 거목으로 키운 칼 파워스 상사. 그는 김장환 목사님을 미국에 데리고 가기 위해 6개월에 한 번씩 돌아오는 귀국 기회를 5번이나 포기했다고 한다. 그는 부자도 아니었다. 아팔레치아 산맥의 한 탄광촌에서 태어난 그는 가난 때문에 군에 자원할 정도였다고 한다. 자신의 코가 석 자였던 것이다. 하지만 그는 김장환 목사님을 미국의 유명 사립학교에 넣기 위해 자신이 가고 싶었던 사립대를 포기하고 2년제 교대를 나오는 헌신으로 사람을 키웠다.

잘 가르치는 교사에겐 꼭 이런 희생이 있다. 일주일에 한 번 분반공부를 인도하는 것으로는 만족하지 못한다. 영혼을 사랑하기에 생명을 걸고 가르치는 것이다. 하나님은 그런 스승을 나에게도 허락해 주셨다. 중학교 3학년 때, 나는 평생 내 기억 속에서 사라지지 않는 이름 하나를 소개받았다.

"안녕하세요. 여러분, 저 성은창이에요."

예전에 이름만 들어도 아는 분과 함께 배구선수 생활을 하시던 분이라 했다. 키가 2m쯤 되어 보였고, 안경 너머로 비치는 눈빛이 유난히도 순수해 보이는 분이었다.

성은창 선생님과 야외 예배를 드리러 수락산으로 갈 때였다.

"애들아, 이리로 앉아라. 서 있으면 위험하단다."

우리와 함께 버스에 오르신 선생님은 우리를 안전하게 앉히고 홀로 서 계셨다. 키가 너무 커서 구부정하게 서 계셨다. 운전기사는 거칠게 버스를 몰았다. 갑자기 버스가 급정지했다. 버스가 출렁거렸고 모두 몸이 앞으로 쏠렸다. 서 있는 것조차 불편하셨던 선생님은 버스 천장 위로 바람이 들어올 수 있도록 만들어 놓은 뚜껑에 머리를 부딪히셨다. 머리를 다치신 듯했다.

"이봐요! 거기 키 큰 양반, 거 되게 신경 쓰이네. 바닥에 앉든지!"

기사는 우리를 위해 자리를 내주고 서 계신 선생님에게 거칠게 운전하던 자신의 실수를 덮어씌웠다. 나는 사과는커녕 신경질을 내는 기사에게 화가 났다.

"아저씨, 아저씨가 조심해서 운전하셔야지 왜 신경질을 내세요."

"저 녀석이, 너 이리 와! 이리 안 와?"

분위기가 심상치 않게 되었다. 그러자 선생님이 연신 허리를 숙이며 그 말도 안 되는 운전사에게 사과를 하셨다.

"기사 선생님, 놀라셨죠? 조심하겠습니다."

나는 너무 속상했다. 그런데도 그분은 싱글벙글이었다. "항상 기뻐하라"는 성경 말씀이 그분을 두고 하는 말 같았다.

집에서 쉴 곳 없어 교회에 가면 언제나 선생님이 제일 먼저 우리를 따뜻한 미소와 함께 맞아 주셨다. 아무리 바빠도 아이들을 한 명씩 꼭 안아 주셨다. 그분과 있으면 예수님과 함께 있는 것 같았다. 처음으로 이런 생각이 들었다.

'예수님이 이런 분이실까…'

그분은 갓 상경한 가난한 시골 청년이었다. 아무것도 없는 분이었지만 모든 것을 다 가진 부자 선생님들보다 넉넉하셨다. 중학교 체육교사 일을 하면서 가난한 아이들을 늘 도와주셨다. 자신을 위해 쓸 줄 모르고 아이들을 위해서는 아끼는 것이 없었다. 선생님은 결혼하고 나서도 교회와 아이들을 위해 헌신의 양을 줄이지 않으셨다. 스승의 날, 그분 곁에는 좋은 선물은 없지만 감사의 편지가 쌓였다. 아이들의 마음을 얻으셨던 그분에게 아이들이 마음을 드린 것이다.

나 역시 그분의 사랑과 헌신으로 신앙이 자라 신학교에 가게 되었다. 사실 부모님이 반대하는 신학교라 아무에게도 말할 수 없었는데 그분이 의지가 되어 주었다.

"김인환 전도사님, 축하드려요."

"네? 제가 무슨 전도사예요."

"신학교에 들어갔으니까 전도사님이시죠."

"에이, 선생님도. 그런데 무슨 일로…."

"아, 전도사님. 우리 집에 와서 심방예배 한번 드려 주세요."

너무나 존경하는 분의 가정이기에 가고 싶은 마음이 굴뚝같았지만 정식 전도사도 아니고 신학교에 갓 입학한 풋내기 신학생이 할 수 있는 일이 아니었다. 하지만 선생님은 작정한 일은 포기하지 않으셨다. 결국 나는 그 집에서 처음으로 심방예배를 주관했다.

"지금까지 지내 온 것, 주의 크신 은혜라. 한이 없는 주의 사랑 어찌 이루 말하랴."

제일 좋아하시는 찬양이 무엇이냐고 묻자 찬송가 460장(새찬송가 301장)을 말씀하셨다. 함께 찬양을 부르고 예배를 드렸다. 예배를 드리는 내내 그분을 인도하신 하나님의 은혜, 그리고 그분을 만나 부모님의 반대에도 신학생이 되도록 하신 그 은혜가 생각나 자꾸 눈물이 났다.

"선생님, 헌금은 교회에 하셔야지 저에게 주시면 안 됩니다."

"알죠. 전도사님, 이것은 헌금이 아니라 전도사님께 드리는 감사의 마음입니다."

거절했지만 한사코 주시는 것을 감사하다는 몇 번의 인사와 함께 받아 왔다. 사실 부모님의 반대를 무릅쓰고 신학교에 입학했지만 책을 구입하지 못한 터였다. 집에 와서 보니 꼭 필요한 책값만큼이 들어 있었다.

풋내기 신학생에게 처음 전도사님이라고 불러 주신 분, 말씀드리지 않아도 내 사정을 아시는 그분의 세밀한 섬김이 없었다면 난 어쩌면 신학을 포기했을지도 모른다. 나는 봉투를 열어 보고 그 자리에서 기도했다.

"하나님 아버지, 저도 성은창 선생님처럼 한평생 아이들을 섬길 수 있게 해 주세요."

교회의 배려로 정식 학생회 전도사로 임명받은 후, 신 나는 전도사 생활이 시작되었다. 교회에서 여러 가지 일을 함께 맡아 하면서 쥐꼬리만 한 사례를 받았지만 성은창 선생님과 함께 일할 수 있었기 때문에 즐거웠다. 함께 일하면서 작은 산동네 교회의 학생회에 엄청난 부흥이 찾아왔다. 아이들이 200명이 넘기 시작한 것이다.

그러던 어느 날, 신학교 1학년 때 수업을 마치고 기숙사에 들어갔는데 방을 같이 쓰는 전도사님이 나를 급하게 불렀다.

"왜요, 전도사님?"

"김 전도사님, 서울에서 성 선생님이란 분이 돌아가셨다고 전화 왔는데 전도사님을 급히 찾았어요. 신촌 세브란스 병원이라던데…."

"네에?"

믿기지 않았다. 심장판막으로 고생을 하셨지만 수술이 잘되었다고 들은 지 1년도 채 되지 않았기 때문이다. 그분은 내 곁에 항상 함께 있어야 할 분이었다. 그런데 그런 분이 돌아가셨다니 말도 안 되는 일이었다. 나는 그 길로 세브란스 병원 영안실로 갔다.

지난여름 수련회 새벽, 그분의 주무시던 모습이 떠올랐다. 선생님은 수련회에 함께할 만한 상황이 아니었는데 수술이 잘되었다고 좋아하면서 학생부 수련회에 따라오셨다. 주변 사람들의 만류에도 불구하고 고집을 꺾지 않으셨다. 사실 아이들을 향한 그분의 신실한 고집은 아무도 꺾을 수가 없었다.

수련회 마지막 날, 아이들이 잠든 것을 확인하고 교사들이 자고 있는 초등학교 교실 마룻바닥에 간단한 침구를 깔았다.

"전도사님, 이제 들어오세요?"

"네. 아직 안 주무셨어요?"

"전도사님이 아직 안 들어오셨는데 잘 수가 있어야지요. 전도사님, 우리 함께 기도하고 잘까요?"

우리는 함께 서로를 축복했다. 그리고 아이들이 축복이 되는 삶을 살게 해 달라고 기도했다. 그리고 그날 성은창 선생님의 아이들을 위한 마지막 기도를 드렸다.

"하나님, 부족한 사람을 살려 주셔서 감사합니다. 살아 있을 동안에 주님처럼 아이들을 위해 이 몸을 쓰게 하시고, 죽을 때도 아이들을 위해 죽게 하옵소서!"

그렇게 기도가 끝나고 잠을 청했는데 잠이 오지 않았다. 평생 주를 위해, 아이들을 위해 살고 싶다는 소원을 가슴에 품자 잠이 오지 않았다. 그런데 갑자기 선생님의 숨소리가 들리지 않았다. 깜짝 놀란 나는 그분의 가슴에 손을 대었다. 한참 만에 한 번씩 겨우 쉬는 숨소리가 나지막하게 들렸다. 그때였다.

"전도사님, 전도사님은 좋은 목사님이 되실 거예요. 꼭 그렇게 될 거예요."

인기척에 잠이 깨셨는지 언제나 보여 주던 그 따뜻한 미소로 나를 바라보고 계셨다.

장례식장에 도착해서 그분의 영정 사진을 보자 눈물이 하염없이 쏟아졌다. 영정 사진 속에서 그분은 아직도 웃고 계셨다. 처음 뵈었을 때 그 모습처럼….

"죽을 때도 아이들을 위해 죽게 하옵소서!"

선생님의 사랑을 받은 아이들이 함께 울고 있었다. 그러나 그 울음은 슬픔의 눈물만은 아니었다. 선생님처럼 한평생 아이들을 위해 그렇게 살고 싶다는 결단의 눈물이었다.

"나는 선한 목자라 선한 목자는 양들을 위하여 목숨을 버리거니와"(요 10:11).

아직도 난 좋은 목사가 아니다. 고인이 되신 성 선생님처럼 살지 못한다. 그분처럼 살아 봤으면… 그분처럼 아이들을 위해 희생의 길을 걸어 봤으면… 그분처럼 아이들의 선한 목자가 되어 봤으면….

아, 선생님. 선생님처럼 아이들을 가르치고 싶습니다.

아이들을 위해 내가 희생하고 있는 것을 적어 보자. 그리고 잘 가르치는 교사가 되기 위해 어떻게 희생할 것인지를 생각하고 결단하자. 내가 아이들을 위해 아직도 희생하고 있지 않은 영역은 무엇인가?

 ## 잘 가르치는 교사는 헌신을 즐긴다

안녕하세요. 저는 어제까지 목사님이 부흥회에서 말씀을 전하셨던 전주 기전여고 3학년 임한나라고 합니다. 목사님을 통해 주신 하나님의 말씀 잘 받았습니다. 어찌나 저에게 힘이 되는 말씀, 채찍이 되는 말씀을 하시던지….

둘째 날 목사님이 우시는 것을 보고 많은 감동을 받았습니다. 정말로 목사님은 아이들을 사랑하시는구나! 기전여고 학생들을 사랑하시는구나! 나를 사랑하시는구나! 그래서 저도 막 울었습니다. 요새 교회에서 힘든 일이 있었는데 말씀을 듣고 새 힘을 얻었습니다. 감사합니다.

하나님이 정말로 모든 것을 아실 줄을 믿습니다. 목사님이 사례비 전액을 장학금으로 내놓고 가신 것을 보고 많은 것을 배우게 됐습니다.

목사님, 우리 학교에서 인기 짱인 거 아세요? 목사님 별명이 짱 목사님이에요. 친구들이 난리도 아니에요. 목사님 귀엽다고(말이 좀 그랬나요?).

목사님 사역하시는 데 어려움 없이 순조롭게 모든 것이 이뤄지기를 기도하겠습니다. 건강하세요. 더 쓰고 싶은데 오늘 체육대회 끝나서 몸이 쑤셔서 이만 하겠습니다.

교육 목회를 오래 하다 보니 종종 미션스쿨에서 신앙부흥회를 해 달라는 요청을 받는다. 그중에 기전여고는 잊을 수 없는 학교다. 2박 3일간 중학교, 고등학교, 대학교 학생들과 교직원들에게 16번의 설교를 하기도 했지만 무엇보다도 학생들의 때 묻지 않은 신실함과 막 피어난 꽃망울처럼 밝은 모습이 인상적이었기 때문이다.

"선생님, 아이들이 참 밝네요."

"네, 믿음의 힘인 것 같아요. 집안이 어려운 아이들이 많은데도 티가 나지 않아요."

부흥회를 마치기도 전에 나는 교장 선생님께 다소 황당한 요구를 했다.

"교장 선생님, 저 사례비 좀 앞 당겨서 주시면 안 될까요?"

"아니, 왜… 그러시죠?"

돈을 달라는 요청에 선생님은 당황한 표정이 역력했다. 그래서 아이들에게 그 돈을 장학금으로 내놓고 싶다는 말씀을 드렸다. 그랬더니 고개를 설레설레 흔드시며 절대 안 된다고 하셨다.

교직원예배가 시작되자 이사장님이 나오셔서 김인환 목사님이 설교해 주실 것이라고 했다. 나는 마이크를 잡고 다짜고짜 말했다.

"이사장님, 저 기분 나빠서 설교 못하겠습니다."

"네? 아니, 몸이 불편하십니까?"

"그게 아니라 제가 사례비를 장학금으로 내놓겠다는데 교장 선생님이 제 돈은 안 받겠다고 하시네요. 이사장님이 사례비를 장학금으로 써 달라는 제 부탁을 들어주시면 설교를 하고 그렇지 않으면 안 하겠습니다."

나는 배짱을 부렸다. 그랬더니 이사장님으로 수고하시는 장로님이 빙그레 웃더니 허락하시는 게 아닌가? 나는 신 나게 설교를 끝냈다. 그런데 이사장님이 사회를 보러 다시 나오시더니 이렇게 말했다.

"김인환 목사님이 축도하시고 예배를 마칠 건데, 목사님이 제 부탁을 들어주시면 축도를 하고 그렇지 않으면 축도를 하실 수 없습니다."

"무슨 부탁인데… 그렇게 겁을 주세요?"

"목사님의 장학금에 저도 보태게 해 주십시오. 그리고 제가 드리는 선물은 무조건 받으셔야 합니다."

난 흔쾌히 허락했다. 선물도 무지 좋아하는 속물이라고 너스레를 떨었다. 다음 날 이사장님이 아이들 예배에 참석하셨다.

"여러분, 기전여고 사상 처음으로 강사 목사님이 사례비 전액을 장학금으로 내놓으셨습니다."

아이들의 환호성이 터졌다. 그리고 이어 이사장님이 말씀하셨다.

"그래서 저도 감동을 받아 1억 원의 장학금을 내놓겠습니다."

아이들의 환호성으로 체육관은 떠나갈 듯 들썩였다. 나는 눈물이 났다. 눈물을 참을 수가 없었다. 아이들을 사랑하시는 하나님의 모습이 보였기 때문이다.

'귀한 분이시구나.'

장학금이 만들어진 그날 이후 1년 뒤 이사장님의 소식이 날아왔다. 장로님이 하늘나라로 가셨다는 것이다. 그분은 사례비보다 많은 금열쇠 두 개를 선물로 주셨다. 그것으로 하나는 복지재단에 드리고, 하나는 교회비전센터 헌금으로 드렸다. 그분이 주신 열쇠는 그냥 금열쇠가 아니라 하늘 문을 여는 열쇠처럼 느껴졌기 때문이다.

몇 년 뒤 다시 전주의 신흥고등학교에 집회를 갔다가 그 교장 선생님을 만났다. 하나님이 이사장님의 헌신을 받기 위해 부족한 나를 사용하셨다고 말씀하셨다.

헌신은 상상할 수 없는 헌신을 낳는다. 가르친다는 것은 그냥 주일날 예배 한 번 더 드리고 분반공부를 하는 것이 아니다. 가르친다는 것은 매주 헌신의 자리에 나오는 것이다. 한 영혼을 변화시키기 위해 자신의 모든 것을 드리는 헌신의 자리에 서는 것이다. 그냥 적당히 아이들 예배 한 번 더 드리면서 그 시간에 분반공부 준비를 하는 교사가 서는 자리가 아니다. 그런 교사들로는 10년을 가르쳐도 아이들이 변하지 않는다. 교사들이 헌신을 통해 목자의 마음을 알게 될 때 변화가 시작된다.

하나님은 이사장님을 통해 진정한 헌신에 대해 다시 한번 가르쳐 주셨다. 그 헌신을 통해 하나님이 아이들을 변화시키시는 것을 똑똑히 봤다. 잘 가르치려면 무엇보다도 먼저 헌신하는 삶이 있어야 한다. 교사는 입으로만 헌신하는 사람이 아니다. 말로만 가르치는 사람은 교사가 아니다.

"마리아는 지극히 비싼 향유 곧 순전한 나드 한 근을 가져다가 예수의 발에 붓고 자기 머리털로 그의 발을 닦으니 향유 냄새가 집에 가득하더라"(요 12:3).

삶의 자리에 아이들을 위한 헌신의 흔적이 있는가? 아이들을 위해 헌신해야 할 영역들(시간과 물질, 장소라는 측면)에서 어떻게 교사로서 변화를 줘야 하는지 나눠 보자.

 잘 가르치는 교사는 열정이 식지않는다

눈물과 열정이 없는 가르침은 가르침이 아니다.

안녕하세요, 목사님. 1년 전 기전여고에서 부흥회 하셨던 거 기억하세요? 그때 목사님의 설교를 들으면서 많은 은혜를 받고 같이 울었던 박영례라고 합니다. 목사님과 함께한 3일 동안의 부흥회는 정말 뜻깊은 시간이었고, 저와 친구들을 하나님의 자녀로 만든 계기였습니다.

목사님의 설교를 듣고 은혜 받은 저는 스스로 교회의 문을 두드렸습니다. 지금은 대학생이 되어서 교회학교 선생님을 하고 있어요. 오늘 여름성경학교 강습회를 했습니다. 강습회에 안산 동산교회 김인중 목사님이 오셔서 정말 은혜로운 말씀을 많이 해 주셨어요. 재미있고 뜻깊은 많은 깨달음이 있는 시간이었습니다.

문득 목사님이 떠올랐습니다. 제가 하나님의 자녀가 된 게 오늘처럼 기쁜 날은 없었던 것 같습니다. 하나님의 일에 조금이나마 쓰임을 받는다는 게 참 행복했습니다. 그래서 1년이나 늦어 버렸지만 목사님께 감사하다고 말하고 싶습니다.

1년 전 목사님이 부흥회를 하시던 모습이 아직도 생생합니다. 그때 목사님이 온 힘을 다해서 설교하시고 찬양하시고… 목사님의 눈물까지…. 1년이 지났지만 아직도 생생합니다. 아무리 좋은 목사님께 좋은 말씀을 듣는다 해도 1년 전 목사님의 말씀과 눈물과 열정은 평생 잊지 못할 것입니다. 제가 주님 앞에 무릎 꿇고 눈물 흘리게 했으니까요.

생활하다가 문득문득 목사님이 생각났습니다. 목사님이 인도하시는 예배에 참석해 보고도 싶었고요. 목사님, 또 부흥회 같은 것을 하시게 된다면, 그래서 기회가 된다면 꼭 목사님이 인도하시는 예배에 참석하고 싶습니다. 목사님의 은혜로운 말씀과 온 힘과 정성을 쏟으시는 그 열정으로 많은 사람이 하나님의 자녀가 되기를 원합니다.

목사님, 정말 감사합니다. 목사님을 통해 듣는 하나님의 말씀과 그날의 예배가 저를 바꿔 놓았습니다.

설교자로서 가장 행복한 것은 말씀을 통해 사람이 변화되었다는 소리를 듣는 것이다. 그래서 말씀을 연구하기 위해 '2040 원칙'을 지킨다. 20시간 투자해서 말씀을 연구하고 40번 성경 본문을 읽는 것이다. 주일학교 교사를 처음 할 때부터 마틴 로이드 존스(Martyn Lloyd Jones) 목사님의 『로마서 강해』와 아더 핑크(Arthur W. Pink) 목사님의 『요한복음 강해』를 연구했다. 주일학교 교사를 하면서 읽은 경건 서적만도 600권이 넘는다. 하지만 난 설교를 잘하지 못한다. 탁월한 설교를 하시는 목사님을 모시고 10년 넘게 목회를 하다 보니 설교에 대한 열등감이 아주 심하다.

"인환아, 이동원 목사님 설교 봐라. 얼마나 잘하시냐?"

아버지는 설교를 듣고 오시면 꼭 이동원 목사님 설교에 대해 말씀하신다. 어느 날은 설교를 꽤 잘한 것 같아서 "아버지, 오늘 설교 어땠어요?" 하고 물으면 "넌 아직 멀었어!"라고 말씀하셨다. 그래서 설교할 때마다 기도를 많이 한다. 성령님이 역사하지 않으시면 은혜를 끼칠 도리가 없기 때문이다.

'그런데 왜 하나님이 나를 사용하시는 것일까?' 이런 생각이 들 때가 한두 번이 아니었다. 때로는 고민하면서 하나님께 기도한 적이 있다.

"하나님, 저는 설교도 잘하지 못하는데 왜 쓰시나요?"

"그야 네 마음의 열정 때문이지."

앞서 말했듯이 난 설교를 못한다. 하지만 설교를 할 때마다 아이들의 눈을 바라보면 이내 눈가에 이슬이 맺힌다. 아이들의 가정 환경과 기도제목을 알고 있고, 그 아이들을 향한 하나님의 마음이 느껴지기 때문이다.

한 영혼은 중요하다. 그러나 천하보다 귀한 것이 한 영혼이라고 누구나 말할 수 있지만 한 영혼을 위해 생명을 버릴 줄 아는 사람은 거의 없다. 성경은 한 영혼을 위해 자신의 생명을 던진 한 사람을 통해 이런 엄청난 일이 일어났다고 증언한다.

> "한 사람이 순종하지 아니함으로 많은 사람이 죄인 된 것같이 한 사람이 순종하심으로 많은 사람이 의인이 되리라"(롬 5:19).

무슨 말인가? 그리스도 예수 한 분으로 인해 죄로 죽을 수밖에 없었던 우리가 의인이라 칭함을 얻게 되고, 하나님의 자녀로 신분이 회복되었다는 것이다. 히브리서의 믿음의 전당에는 한 영혼을 위해, 하나님 나라를 위해 자신의 생명을 내놓았던 열정과 헌신의 사람들의 이름이 기록되어 있다. 히브리 기자의 고백대로 아벨, 에녹, 노아, 아브라함, 이삭, 야곱, 요셉, 모세, 다윗, 사무

엘 등 한 사람을 통한 놀라운 변화를 말하려고 하면 지면이 부족할 것이다.

가르침의 현장에선 한 사람의 열정이 정말 중요하다. 하나님은 헌신된 한 사람을 부르시지 헌신되지 않은 군중을 부르시지 않는다. 사람을 가르치시는 하나님의 방법은 그 한 사람을 찾아, 그 한 사람으로 감동과 영향력을 주는 것이다.

한 기자가 마더 테레사(Mother Teresa) 수녀님에게 물었다.

"어떻게 그렇게 많은 사람을 사랑으로 변화시킬 수 있었습니까?"

"글쎄요. 나는 단지 한 번에 한 사람을 사랑했을 뿐입니다."

안타깝게도 오늘날 교회학교에 교사는 있는데 열정을 가진 교사가 없다. 아이들을 가르치는 분은 많은데 아이들을 생명 걸고 사랑하는 사람은 찾기 힘들다.

지구촌교회 교육 부서의 부흥 소식이 알려지면서 지난 몇 년 동안 정말 많은 분이 찾아왔다.

"어떻게 7년 만에 200명 정도 아이들이 1,700명까지 모일 수 있었습니까?"

"무엇으로 가르쳤습니까?"

"어떤 교재를 썼습니까?"

"프로그램은 무엇입니까?"

질문의 요지는 "어떤 방법으로 교회학교를 부흥시켰는가"였다. 그러나 하나님은 한 영혼을 위해 자신을 던질 수 있는 열정적인 한 사람을 찾으신다.

몇 년 전, 아주 작은 교회에 강사비가 없어서 강사를 부르지 못한다는 안타까운 소식을 듣고 지방에 있는 그 교회의 부흥회에 간 적이 있다. 가까운 길은 아니었지만 설렘 속에 도착했다. 전도사님은 강사를 소개하면서 이렇게 작은 교회에 모실 수 없는 분인데 오셨다고 과장 광고를 하면서 얼마 모이지 않아서 미안하다는 인사도 잊지 않으셨다. 그분은 강사에게 미안한 마음이 앞섰는지 자꾸 반복해서 말씀을 하셨는데 그게 더 마음이 아팠다.

누가복음 15장의 잃어버린 양에 대한 설교를 마치고 돌아오면서 그 교회와 교사들을 위해 기도했다.

"하나님, 주의 피 값을 주고 사신 교회에 부흥을 주옵소서. 한 영혼의 소중함을 알기에 자신의 모든 것을 거는 열정의 한 사람이 나오게 해 주옵소서."

설교를 마치고 돌아오는 길에, 잃어버린 한 마리의 양을 위해 아흔아홉 마리의 양을 들에 두고 양이 걸어간 길을 찾아 나선 주님의 열정이 자꾸만 떠올라 눈물이 고였다. 간절히 마음의 무릎을 꿇었다.

"주님, 저 또한 평생 한 사람의 영혼을 위해 열정을 다하는 그

한 사람이 되게 하소서."

"내가 또 주의 목소리를 들으니 주께서 이르시되 내가 누구를 보내며 누가 우리를 위하여 갈꼬 하시니 그때에 내가 이르되 내가 여기 있나이다 나를 보내소서 하였더니"(사 6:8).

한 영혼을 위한 열정은 말이 아니라 행동으로 나타난다. 한 영혼을 향한 귀함을 알고 열정을 다하고 있는지 점검하자. 말로만 가르치고 있다면 열정이 사라진 지 오래된 것이다. 그렇다면 어떻게 그 열정을 회복할 것인지를 나누고 결단의 기도를 드려 보라.

아이들을 변화시키는 지구촌교회 교회학교 포인트

1. 아이들의 부모가 되어 주고 아이들의 부모와 친해지라.

지구촌교회에는 교육 목자를 부모처럼 따른다. 목자들이 부모가 되어 주었기 때문이다. 명절이 되면 목자를 찾아가서 인사를 드리고 세뱃돈 받아 왔다고 자랑하는 아이들을 종종 만난다. 목자가 자신의 집에 아이들을 초대해서 함께 식사를 한다. 제자들과 함께 식사를 하시던 주님처럼 말이다. 아이들은 목자를 부모처럼 따른다. 집에서 종종 재워 주고 밥도 주는 목자가 있기 때문이다.

한국의 어머니들이 대부분 그런 것처럼 교회는 예배만 드리고 오면 되는 곳으로 생각하시는 분이 많았다. 그래서 '좋은 어머니 학교', '자녀 형통 세미나', '어머니기도회'를 시작했다. 3명으로 시작한 어머니기도회의 놀라운 부흥은 이미 『영혼이 잘되는 집』이라는 책에 소개되어 여기서는 소개하지 않는다. 마크 드브리스(Mark DeVries)가 말한 것처럼 "교회학교 사역, 이젠 가정이다."

2. 아이들을 위해 최선을 다하라.

지구촌교회 목자는 정말 최선을 다한다. '교사 세미나' 강사로 수많은 교회에 초청되어 다니면서 교회학교 침체의 공통점을 발견했다. 교사들이 타성에 젖어 최선을 다하지 않는다는 것이다. 지구촌교회에서 목자기도회나 부흥회, 세미나를 하면 난리도 아니다. 모든 것을 제쳐 놓고 온다. 아이들에게 더 좋은 꼴을 먹여 주기 위해 경건 서적과 아이들에 관련된 책을 소개해 달라고 아우성이다. 그 모습을 보면서 교회학교 교사로 교육부서 사역에 처음 뛰어들었을 때가 생각났다. 그 당시 교회학교 아이들을 가르치면서 읽은 신앙 서적만 600권이 넘었다.

3. 목자로 사는 즐거움을 누려라.

지구촌교회에서는 주일학교에 봉사하라는 말을 하지 않는다. 봉사가 아니라 기쁨이기 때문이다. 교육 목자를 하시는 분들을 보면 한결같이 표정이 밝다. 아이들을 주 중에 만나기 위해 시간을 내고 물질을 써야 하는데 행복하다고들 말한다. 그런데 많은 교회에서 주일학교 교사들에게 이 즐거움이 없다. 즐거움이 없는 일은 열매가 없다. 그렇다면 왜 즐거움이 없는 것일까? 적당히 헌신하기 때문이다. 적당한 헌신은 한 마디로 양다리를 걸치는 것이다. 양다리를 걸치면 고통스러울 뿐이다.

4. 아이들에게 눈물과 열정을 보이라.

지구촌교회 교육 목자들의 특징은 눈물이 많고 열정이 크다는 것이다. 아이들을 위해 기도하다가 눈물을 흘리는 목자들이 자주 눈에 들어온다. 아이들의 행사에 열심히 참여한다. 앞장서서 찬양하고 기도하고 말씀 듣는 목자의 열정에 아이들은 자연스럽게 그 모습을 갖게 된다. 지구촌교회 아이들의 예배가 달라진 것은 이런 교육 목자들의 열정과 눈물 때문이다.

"나는 선한 목자라 선한 목자는 양들을 위하여

목숨을 버리거니와 삯꾼은 목자가 아니요

양도 제 양이 아니라 이리가 오는 것을 보면

양을 버리고 달아나나니

이리가 양을 물어 가고 또 헤치느니라"

(요 10:11-12)

4장

목자의 마음이 아니면
가르치지 마라

예수님은 자신을 가리켜 이렇게 말씀하셨다. "나는 선한 목자라." 목자는 양이 평안해질 때까지 돌보는 사람이다. 아이들을 가르치는 사람은 지식을 전하는 교사가 아니라, 양을 돌보는 목자가 되어야 한다.

 잘 가르치려면 교사말고 목자를 해라

'한대원.'

내게 교사다운 교사가 될 수 있도록 영향력을 끼친 아이의 이름이다. 성은창 선생님의 영향력으로 고등학교를 졸업하면 제일 먼저 하고 싶은 것이 바로 교사였다. 교회학교 교사가 되는 것이 꿈이었다. 교사가 되면 성은창 선생님처럼 행복할 것만 같았다. 그리고 드디어 교회학교 교사가 되었다.

"김인환 선생님!"

뒤를 돌아보니 성은창 선생님이 빙그레 웃고 계셨다.

"선생님, 제가 무슨 선생님이에요."

"김인환 선생님, 선생님은 아이들에게 좋은 교사가 될 겁니다."

처음에는 풋내기 교사인 나에게 아무도 선생님이라고 부르지 않았다. 대부분의 어른들은 나를 이름으로 불렀다. 그런데 성은창 선생님만은 달랐다. 그분은 항상 나를 선생님으로 대우해 주셨다. 그런 선생님께 잘 보이고 싶어서 정말 열심히 했다.

첫해에 맡은 반은 고등학교 1학년 여학생 반이었다. 5명이던 아이들이 20명으로 늘어났다. 아이들을 가르치기 위해 광화문에 있는 생명의 말씀사를 뻔질나게 드나들었다. 생명의 말씀사 문지방이 닳도록 드나들면서 좋은 교사가 되기 위해 닥치는 대로 책을 읽었다. 성경을 잘 몰라서 찰스 피니(Charles Finney) 목사님의 『로마서 강해』를 읽고 은혜 받은 대로 아이들과 함께 나누었다.

3개월이 지난 후 로마서를 제대로 공부할 수 있는 책을 찾았다. 교사를 하면서 읽은 책이 600권은 족히 넘었다. 전도사님이 책을 많이 추천해 주셨는데 나중에 알고 보니 신학생들이라면 누구나 읽어야 할 기본서가 많았다. 이때의 독서량은 나중에 신학교에 가서 정말 큰 도움이 되었다. 전체 수석으로 졸업할 수 있게 만들었으니까….

독서만 한 것이 아니었다. 나는 여학생들의 감수성을 고려해서 아이들의 생일 때마다 찬양 테이프와 함께 시를 지어 코팅해서 선물로 주었고, 매일 기도 시간을 빼먹지 않았다. 그야말로 열정을 가지고 덤벼들던 시기였다.

"와, 김인환 선생님, 너무 열심히 하는 거 아니에요?"

정말 그랬다. 아이들이 좋았고 아이들도 나를 좋아해 주었다. 무엇보다도 성은창 선생님께 좋은 모습을 보이고 싶었다. 1년 뒤 교사로서의 화려한(?) 성적을 낸 나에게 총무 선생님이 찾아오셨다.

"김 선생님, 선생님이 총무를 맡아 주세요. 저는 직장이 지방으로 옮기게 되어서 어려울 것 같아요. 그리고 제가 맡았던 중3 아이들 좀 맡아 주세요."

총무를 하면서 말썽 많고 말 안 듣는 중3 남학생들을 맡아 보라고 하셨다. 한창 사춘기의 모든 것을 발산하고 있는 아이들을 나한테 맡기신 것이다.

'사춘기.'

세상에서 가장 이해할 수 없는 시기인 사춘기는 아이들 스스로도 견디기 힘든 열등감과 비교 의식 속에서 자신의 정체성을 찾아가는 시기다. 이 시기가 되면 아이들은 기존에 잘 받아들여 왔던 모든 것에 회의를 느끼면서 질문하기 시작한다. 이것이 부모에게는 반항으로 보이지만, 그것은 성인이 되기 위한 심한 몸부림일 뿐이다. 마치 아이들은 '부모에게 반항하고 대들기' 특강을 듣고 온 듯이 사소한 일에도 신경질적인 반응을 보인다.

예를 들면 아이들에게 간식을 주러 문을 열고 들어간 엄마에게 "왜 노크도 없이 들어와요!" 하고 소리를 지른다. 그때 엄마의 마음은 어떤가? "아니, 내 자식 방에 그냥 좀 들어가면 안 되냐! 그게 그렇게 소리를 지를 일이야!"라는 말이 목 밑까지 차오른다. 참지 않고 이 말을 내뱉는 순간 더욱 반항적인 아이의 모습을 눈으로 확인하게 되고, 엄마들은 혼자 방에 들어가 눈물의 기도 시간을 갖기도 한다. 그야말로 이해할 수 없는 시기인 것이다.

사춘기 아이들을 이해하지 못하는 것은 부모만이 아니다. 교회나 학교에서 아이들을 지도하는 선생님들이나 사역자님들에게 물어보라. 한결같이 말한다.

"요즘 애들은 정말 이해할 수가 없어요!"

그런 아이들과 함께하는 중3 교사 생활이 본격적으로 시작되었다.

"선생님, 언제 끝나요? 저 5분 있으면 가야 해요."

"야, 선생님도 가고 싶다. 하지만 너희도 어차피 교회 나와야 하니까 우리 이 모임을 어떻게 하면 재미있게 할 수 있을지 생각해 보자."

"선생님, 축구해요."

"야, 3명이 축구하면 우리 다 뻗는다. 그러지 말고 우리 농구 하러 가자."

"아자!"

아이들을 간식부장, 농구부장, 출석부장으로 세우고 농구 하러 갔다. 한창 사춘기의 남자아이들이 농구를 하기 위해 몰려들어

금세 20명이 넘었다. 그런데 내 출석부에 유일한 오점을 남기는 아이가 있었다. 그 아이가 바로 대원이었다.

"그 애가 작년까지는 잘 나왔는데…."

더욱 자존심이 상했다. 그래서 심방을 가기로 작정하고 그 아이 주소를 보다가 깜짝 놀랐다. 그 아이가 사는 곳은 신갈이었다.

'신갈에서 마포까지 이렇게 멀리 교회에 나왔던 이유가 뭐지?'

집에서 먼 마포에 있는 중학교에 다니는 아이, 버스를 두 번 갈아타고 교회에 나온 그 아이를 찾아갔다.

아이 집 근처 주소를 찾아갔더니 한 아저씨가 마치 알코올 중독자처럼 행패를 부리고 있었다. 나와 부딪히자 그는 째려보며 말했다.

"어, 넌 뭐야? 이 강아지야!"

"선생님, 저… 저기 대원이라는 학생이 사는 집을 혹시 아세요?"

"어, 내 아들인데, 그런데 왜 내 아들을 찾아? 네가 내 아들 빼돌렸지?"

아이가 집을 나갔는지 아들을 찾아내라고 떼를 쓰셨다. 겨우 진정시키고 대원이 교회학교 선생님이라고 소개를 하자, 갑자기 하소연을 하기 시작하셨다. 그 하소연을 들으니 가정을 더 이상 이끌어 갈 수 없는 아버지의 절망감이 느껴졌다. 원래 사업을 크게 하시던 분이었는데 사업이 완전히 망하고 술에 의존하여 하루하루를 지내다 보니 알코올 중독자가 되신 것이다. 자녀에게 제대로 된 아비 역할을 할 수 없다는 죄책감이 그를 알코올 중독으로 몰고 간 것이다.

"선생님, 내 자식 때문에 이렇게 오셨는데 저랑 한잔 하시죠?"

하소연이 끝나지 않았는지 자세한 얘기는 들어가서 하자며 집으로 데려가셨다. 그 집은 함바집이었다. 안녕하시냐는 인사에도 한마디 대꾸 없이 밥을 짓고 계시는 어머님의 모습에서 기댈 곳 없는 상황 속에서 마음 독하게 먹고 생존하고자 하는 강한 모정을 느낄 수 있었다. 아버님은 계속 나가서 술 한잔 하자고 하셨지만 겨우 만류하고 칼빈대학교 운동장을 함께 걸었다.

"선생님, 제가 참 한심해 보이죠? 저도 제가 참 한심합니다."

아들을 제대로 뒷바라지하지 못하는 자신을 끊임없이 비난하고 있었다. 그런데 선생님이 찾아와 주시니 아들놈이 복이 있다고 하면서 기분 좋으니 계단을 올라 좋은 곳으로 가자고 하셨다. 그 순간 갑자기 발을 헛디뎌 계단을 구르셨다. 잡을 새도 없었다. 황급히 뛰어 내려갔을 때 이미 이마에서는 피가 흐르고 있었다.

"아버님, 괜찮으세요?"

그러자 그분은 내 손을 꽉 잡더니 이렇게 말했다.

"선생님, 우리 애 좀 붙잡아 주세요. 제발 우리 애 좀 잡아 주세요. 못난 애비 소원입니다."

그날 이후 나는 그 아이를 책임지기로 결심했다. 주일에만 아이들을 가르치는 교사가 아니라 성은창 선생님처럼 주 중에도 아이들과 함께하는 교사, 즉 목자가 되기로 결심한 것이다. 일단 대원이를 아현동 집으로 데리고 와서 좁은 방이지만 함께 지내기 시작했다. 그런데 아이의 책값이 문제였다.

"하나님, 어떡하죠?"

"목자는 아이들의 삶을 책임지는 사람이 아니냐?"

"하나님, 어떻게 책임지죠?"

"네 손에 있는 것이 무엇이냐?"

나는 가진 게 없었다. 서민 가정에 돈이 있는 것도 아니고, 개인 택시 운전을 하시는 아버지 슬하에서 공부하고 있는 것도 감지덕지였다. 그 순간 택시가 떠올랐다. 당시 1종 면허를 가지면 누구나 택시 운전을 할 수 있는 상황이어서 아버지를 졸라 야간과 새벽에 택시 운전을 시작했다. 잠 못 자는 건 피곤했지만, 할 만한 일이었다.

그렇게 택시 운전을 3년 동안 하면서 아이들을 가르치기 시작했다. 대원이 같은 아이들과 큐티를 나누기 시작했다. 모임 이름을 '새 부대 모임'이라고 지었다. 지구촌교회에 와서 히트 친 21세기 리더스쿨의 아이디어는 모두 그때 나온 것이다. 아이들과 큐티를 하면서 아이들의 이야기를 들어주고, 아이들과 함께 농구를 하고, 우리 집에 데려가서 라면을 끓여 주고, 아이들의 여자친구 이야기를 들어 주고, 아이들의 힘든 사정을 들어 주며 함께 기도를 했다. 기도하다 보면 우리 모두의 눈가에는 솔방울만 한 이슬이 맺혔다.

아이들이 늘어나서 6개월 만에 50명이 되었다. 주변 동네에 있는 모든 문제아가 다 몰려들었다. 몇몇 어른들은 교회 이미지가 이상해질까 봐 싫어하셨다. 그래서 아이들을 데리고 야학을 시작했다. 고등학교를 보내지 않으면 하나님 영광이 가려질 것 같았다. 재수를 하고 있던 터라 그때 가르치는 은사와 능력을 갖게 되었다. 학원가를 모두 섭렵한 결과, 학원가의 유명하다는 모든 강사들의 학습방법을 그대로 따라 할 수 있는 놀라운 능력을 갖게 된 것이다.

동네의 뒤떨어진 아이들을 모아 야학을 시작했는데, 반 등수가 뒤에서 몇 번째였던 아이가 고등학교를 가더니 서울시립대학교에 장학생으로 갔다. 곧 소문이 돌았고, 택시 운전을 하지 않아도 과외를 하면 쉽게 돈을 벌 수 있었다. 하지만 젊은 사람이 돈을 쉽게 버는 것은 별로 좋아 보이지 않았다. 50만 원을 줄 테니 과외하자는 사람들이 있었지만 안 했다. 사심 없이 아이들에게 공부를 가르쳐야 하나님이 기뻐하실 것 같았다.

아이들을 교회로 데리고 와서 50분 강의하고 10분 쉬고, 밤늦게까지 공부를 가르쳤다. 그런데 국영수가 문제였다. 수학은 단시일 내에 따라 잡기가 어려워서 영어에 승부를 걸었다.

"얘들아, 따라 해. too to, so that can not! too to가 문제에 나오면 반드시 so that can not이 답에 있을 거야. 그럼 찾아봐."

"와, 정말 있네요. 영어가 이렇게 쉬운 거였어요?"

아이들은 자신감을 갖고 공부하기 시작했다. 대원이는 누구보다 열심이었다. 일과를 마치고 집으로 돌아가면서 대원이의 어깨를 치며 말했다.

"대원아! 네가 너희 집 희망이잖아. 포기하면 안 된다."

아무 대답이 없었지만 그 아이는 변해 갔다. 고려대학교에 합격하고 나서 이 녀석은 제일 먼저 나에게 전화했다.

"이 녀석아! 너희 부모님께 먼저 전화해야지!"

"선생님께 제일 먼저 연락드리고 싶었어요. 선생님은 저의 목자시잖아요."

빠른 광음이 흐르고 그 교회를 떠난 어느 날, 한 통의 청첩장이 날아왔다. 거기에 대원이의 이름이 쓰여 있었다. 영국에 유학 갈 비용이 안 되어서 일하면서 어학을 공부할 수 있는 공동체를 찾아 떠났다가 그곳에서 평생의 반려자를 만난 것이다. 아이의 결혼식에 참여하고 돌아오면서 마음속에 이런 생각이 들었다.

'이 아이가 하나님이 주겠다고 약속하신 면류관이구나….'

예수님은 위대한 교사셨지만 위대한 교사로 불리기를 원하지 않으셨다. 예수님은 위대한 치료자셨지만 위대한 의사라고 불리기를 원하지 않으셨다. 예수님은 위대한 구제를 많이 하셨지만 위대한 사회사업가라 불리기를 원하지 않으셨다. 그분은 자신을 가리켜 이렇게 말씀하셨다. "나는 선한 목자라."

"내가 친히 내 양의 목자가 되어 그것들을 누워 있게 할지라 주 여호와의 말씀이니라"(겔 34:15).

당신은 목자인가, 교사인가? 주일날 분반공부만 하는 사람은 목자가 아니다. 목자는 양이 평안해질 때까지 돌보는 사람이다. 가르치기만 하는 교사에서 양을 돌보는 목자가 되려면 무엇을 해야 할지 생각하고 나눠 보자.

가르치려고만 하지 말고 양을 돌보라

대원이 같은 아이들이 연말에는 90명으로 늘어났다. 교회 근처에 있는 학교에서 갈 곳 없는 아이들이 다 몰려든 것이다.

"선생님, 얘는 인창중학교에서 농구를 제일 잘하는 내 친구예요."

아이들을 한 명씩 만나 상담을 했다. 부모가 이혼한 아이, 어려서부터 할머니가 키운 아이, 아버지가 폭력을 휘두르는 아이, 엄마가 집 나간 지 10년 된 아이…. 하나같이 마음에 커다란 돌덩이 하나씩을 품고 사는 아이들이었다. 그 아이들을 보는 순간, 몰려든 무리를 바라보며 안타까워하셨던 주님이 생각났다.

"무리를 보시고 불쌍히 여기시니 이는 그들이 목자 없는 양

　과 같이 고생하며 기진함이라"(마 9:36).

　예수님의 관심과 온 마음을 끌어당기는 것은 다름 아닌 내가 만
난 아이들 같은 사람들이었다. 창조주 하나님, 전능하신 그분의
유일한 관심은 바로 '사람들'이었던 것이다.

　예수님은 그들을 보는 순간 이렇게 생각하셨다.

　'아, 목자가 필요하구나! 목자가….'

　예수님은 사람들을 보자마자 왜 목자가 필요하다는 생각을 하
신 것일까?

　"무리를 보시고 불쌍히 여기시니."

　그들이 목자 없는 양같이 고생하며 유리하고 있었기 때문이다.
성경은 인간을 비유할 때 양에 비유한다.

　"무리는 다 양 같아서 그릇 행하여 각기 제 길로 갔거늘"

　(사 53:6).

　양을 본 적이 없어서 늘 궁금한 구절이 이 구절이었다. 그래서
초신자 때 이런 생각을 해 봤다.

　'인간은 다 개 같아서라고 표현했으면 쉽게 이해가 될 텐데, 왜
양이라고 하지?'

그것은 양의 세 가지 특징이 인간의 실존과 닮았기 때문이다. 첫 번째로, 양은 방향 감각이 없다. 양은 가만히 놔두면 필연적으로 잘못된 길을 가게 되어 있다. 필연적으로 멸망의 길로 들어서고, 필연적으로 절망의 구덩이에 빠지고, 필연적으로 가시덤불로 뛰어 들어가는 것이 바로 양이다. 방향 감각이 없어서 절대로 혼자서는 푸른 초장과 쉴 만한 물가를 찾아낼 수 없다.

양에게 교사는 필요 없다. 목자가 필요하다. 교사가 푸른 초장에 가는 길을 가르쳐 준다고 해서 그 길을 찾아갈 수 있는 존재가 아니기 때문이다. 예를 들어 "양, 내 말 잘 들어. 이쪽으로 1km를 쭉 가다가 좌회전해서 2km, 우회전해서 5km를 간 다음 바로 우회전을 한 번 하면 웅덩이가 있는데 그것을 피해서 1km를 더 가면 푸른 초장이 있어"라는 말은 아무 도움이 되지 못한다. 그런데도 교회학교에서는 가르치기만 한다. 자신의 가르침으로 아이들이 변하지 않는다고 아우성이다. 하지만 가르치는 것만으로는 사람이 변하지 않는다.

두 번째로, 양은 더러움을 잘 탄다. 양은 혼자서는 결코 깨끗해질 수 없는 존재다. 뉴질랜드 코스타에 가서 양을 실제로 보고는 양에 대한 생각이 얼마나 바뀌었는지 모른다. 양 떼들이 수없이 있었는데, 얼마나 더러웠는지…. 인간도 마찬가지다. 인간은 죄로 인해 더럽혀진 존재다. 스스로는 깨끗하게 할 수 없다. 교사가 더러워지지 말라고 해도 양은 자신을 깨끗하게 할 수 없다. 누군가 닦아 줘야 한다. 그런데 목자는 닦아 준다. 더러워진 양을 나무라는 것이 아니라 깨끗하게 씻겨 준다.

세 번째로, 양은 자신을 보호할 수 있는 어떤 장비도 갖고 있지 않다. 동물은 자신을 보호하기 위해 날카로운 이나 뿔, 독 등을 갖고 있다. 연약한 동물도 자신의 보호색을 갖고 있다. 그런데 양은 자신을 보호할 만한 어떤 것도 갖고 있지 않다. 교사가 이런 양에게 스스로 자신을 잘 지키라고 가르치는 것만으로는 도움이 되지 못한다. 양을 지켜 줘야 한다. 목자가 사자와 곰의 발톱에서 양을 지키듯이 양을 지켜야 한다. 그런데 일주일간 양에게 문자 한번, 전화 한번 하지 못한 채 주일을 맞이하는 교사가 많다.

이런 양의 특징으로 인해 양은 목자를 만나지 못하면 불행해질 수밖에 없다. "우리는 다 양 같다"라는 성경의 선언은 우리가 목자를 만나지 않는 한 불행한 인생을 살 수밖에 없음을 강조하는 것이다.

양의 이런 실존적인 문제, 아니 양과 같은 인간의 실존적인 문제를 한 번에 해결할 수 있는 방법이 있다. 바로 목자를 만나는 것이다. 목자를 만나면 목자가 양을 쉴 만한 물가와 푸른 초장으로 인도한다. 목자를 만나면 양은 더 이상 고생하며 유리하지 않게 되는 것이다.

아이들을 상담하면서 목자 없이 유리하고 있는 아이들의 모습이 보였다. 목자만 있으면 모든 문제가 해결될 수 있는 아이들이었다. 아이들은 문제아가 아니라 하나님의 잃어버린 양이었다. 사실 그 아이들의 모습은 어린 시절의 내 모습이기도 했다.

"얘, 네 이야기를 들으니까 꼭 내 이야기 하는 것 같아. 나도 중학교 때까지는 너처럼 힘들었거든."

그런 내가 어떻게 목자이신 예수님을 만났는지, 그 목자이신 예수님을 만나 어떻게 내 삶이 변했는지 간증을 하기 시작했다. 그리고 우리는 함께 시편 23편을 읽었다.

"여호와는 나의 목자시니 내게 부족함이 없으리로다"(시 23:1).

아홉 살 때 할머니를 여의신 아버지는 우리를 사랑하시지만 사랑하는 방법을 모르셨다. 아버지의 사랑은 우리에게 큰 상처로 다가왔다. 난 수도 없이 집을 나가고 싶다는 생각을 했고 때로는 죽고 싶다는 생각까지 했다. 목자 없이 고생하며 유리하고 있었던 것이다. 그런 내가 여자친구를 만나기 위해 교회에 갔고, 수련회 때 목자이신 예수님을 만나 이렇게 행복한 시간을 보내고 있다고 간증했다. 아이들은 웃다가 함께 울었다. 그것은 목자 없이 유리하는 아이들 자신의 삶이었으니까….

오늘날 목자가 없다. 교사는 있는데 목자가 없다. 성경을 잘 가르쳐 보려고 교사를 시작하는 분들은 많은데 아이들의 목자가 되기 위해 삶을 던지는 사람이 없다. 그저 아이들과 예배 한 번 더 드리고 분반공부를 하는 교사는 많은데 아이들과 함께하며 그들을 씻겨 주고 보호해 주는 목자가 없다. 아이들도 바쁘고 어른들도 바빠서 만날 수가 없다고 핑계 대는 사람은 많은데, 바쁜 시간 중에도 아이들을 만나는 데 우선순위를 둔 목자는 없다. 분반공부 시간에 집중하지 않는 아이들로 인해 짜증 내는 교사는 많은데, 아이들의 이야기를 들어 주는 교사는 없다.

정말 추수할 것은 많은데 목자로서 잃어버린 양을 추수하는 일꾼이 없다. 마음이 답답할수록 추수하는 주인에게 청하여 오늘도 목자를 보내 달라고 간절히 기도한다.

> "이에 제자들에게 이르시되 추수할 것은 많되 일꾼이 적으니 그러므로 추수하는 주인에게 청하여 추수할 일꾼들을 보내 주소서 하라 하시니라"(마 9:37-38).

잘 가르치는 교사는 성경에 대한 지식을 가르치는 사람이 아니라, 목자로서 아이들을 푸른 초장으로 인도하고 지키는 사람이다. 당신은 목자로서 아이들을 돌보고 있는가? 아니면 가르치기만 하고 있는가?

 불쌍히 여기는 마음이 없으면 목자가 아니다

"목사님, 몇 주간 생각해 봤는데 하나님이란 존재가 있는 건지 잘 모르겠어요. 성경도 인간이 만든 것이고, 결국 다 거짓인 것만 같아요."

주일 설교를 마치자마자 한 아이가 찾아왔다.

"목사님, 휴대전화 번호 좀 알려 주세요."

번호를 알려 줬더니 문자가 왔다. 요즘 교회에는 이런 아이들이 많다. 유치부부터 통과하여 교육 부서에 온 아이들, 흔히 모태 신앙이라는 아이들의 고민이다. 그래서 혹자는 모태 신앙을 '못해 신앙'이라고 말한다. "기도 못해, 찬양 못해, 순종 못해, 아무것도 못해." 그래서 못해 신앙이라는 것이다.

물론 모태 신앙은 어려서부터 하나님에 대한 말씀을 들을 수 있는 특권을 가진 축복받은 인생이다. 반면 신앙의 고민이 깊어지기도 한다. 예수님에 대해서는 많은 정보를 갖고 있지만 예수님을 인격적으로 만나지 못한 세대. 그 아이들은 교회를 다니면서 이런 고민을 하고 있다.

'교회를 떠나고 싶다.'

어릴 적부터 믿음을 가진 아이들의 80%가 지금 이런 고민을 하고 있다. 참 가슴 아프지 않은가? 어릴 적부터 성경 교육을 받은 아이라면 중고등부에 올라왔을 때 다른 아이들과는 다른 신앙의 성숙이 있어야 하지 않는가? 그런데 오히려 더 심각하다. 양육하기가 더 힘들다.

왜 이렇게 되었을까? 인간이 다 양과 같기 때문이다. 우리가 못 가르쳐서도 아니고 성경에 대한 지식이 모자라서도 아니다. 최선을 다해서 가르쳤지만 인간은 다 양 같아서 가르쳐 준 대로 가지 아니하고 그릇 행하여 각기 제 길로 걸어가는 것이다.

세상에 나가서 더러움에 뒹굴면 안 된다고 가르치지만 세상의 쾌락이 즐거운 걸 어쩌겠는가? 세상의 죄가 너무 좋아서 그냥 즐기는 것이다. 그리고 마침내 사탄의 공격에 무방비 상태로 노출되어 자신이 이전에 알고 있던 모든 성경의 진리가 거짓이라고 생각하는 데 이르는 것이다.

특히 사춘기는 이전에 부모에 의해 받아들여 왔던 지식과 경험을 거부하는 시기이기 때문에 이때 사탄의 공격이 극에 이른다. 그런데도 아이들을 가르치는 교사나 부모는 사춘기에 대한 지식이 부족하다. 그냥 이유 없이 반항하는 시기라고만 이해한다. 그러나 사춘기는 부모로부터 전수받은 진리가 아니라, 자신의 하나님을 만나기 위해 몸부림을 치는 시기다. 문제는 이런 아이들의 특징을 알고 그들을 불쌍히 여기는 목자가 있느냐다. 아이들이 망가지는 이유는 오늘날 교회학교 현장에 선생님은 많지만 목자가 없기 때문이다.

"무리를 보시고 불쌍히 여기시니 이는 그들이 목자 없는 양

과 같이 고생하며 기진함이라"(마 9:36).

목자는 양을 불쌍히 여기는 사람이다. 예수님은 가르치고 전파하고 치유하는 사역을 하시면서도 무리들을 보면서 안타까워하셨다. 왜 그러셨을까? 그들이 고생하며 기진하고 있었기 때문이다.

"고생하며 기진하고 있었다."

여기서 '고생'은 '추운 겨울에 나무껍질이 완전히 벗겨진 나무'나 '고기가 동강이 나서 잘려진 상태'를 의미한다. 정육점에 걸린 고기처럼 어떤 회생의 가능성도 없이, 어떤 희망도 없이 완전히 생명력이 끊어져서 동강이 난 상태. 이것이 바로 아이들의 상태다.

요즘 아이들은 고생한다. 이렇게 말하면 반문하는 교사도 있을 것이다. 요즘 아이들은 우리 때보다 잘 먹고 잘 입지 않느냐는 것이다. 아이들의 경제적 상황이 우리 때보다 엄청 좋아진 것은 사실이다. 어린 시절, 우리의 유일한 간식은 뻥튀기였다. 골목에 뻥튀기 아저씨가 지나가면 병을 집어 들고 바꿔 먹던 추억이 있다. 먹을 것이 귀할 때, 우리의 입맛을 녹여 주는 환상의 과자가 있었다. 프랑스풍의 고급 과자 샤브레. 하지만 지금은 아이들이 잘 먹지 않는 과자가 샤브레다. 예전에는 종합선물세트가 들어오면 형

제가 많은 집에서는 양갱과 함께 서로 샤브레를 쟁취하려고 쟁탈전이 벌어졌다. 지금은 누가 그것을 먹겠는가?

그런데 그 아이들을 바라보면서 안타까운 마음이 든다. 예전보다 경제적으로 좀 나아졌는지는 모르지만 아이들의 영혼은 더욱 메말라 가고, 고생하며 기진하고 있기 때문이다. 인터넷 게임과 음란 영상에서 쏟아지는 더러운 것들과 치열한 입시 경쟁으로 아이들은 그 어느 때보다 고생하며 유리하고 있다.

주일이 되면 멀쩡한 듯 습관적으로 교회에 와서 앉아 있지만 아이들은 말씀을 받을 수 있는 상태가 아니다. 그들의 영혼은 음란 사이트와 거친 게임, 술과 담배는 물론 여러 가지 유흥의 유혹과 약물 등 세상의 온갖 죄들에 노출되어 있다. 세속화된 세상 속에서 아이들은 완전히 발가벗겨진 채로 교회에 발을 들여놓는 것이다.

무엇을 줘도 치유되지 않는 아이들. 열심히 분반공부를 해도 그들의 영혼 속에 어떤 새로운 싹도 돋아나지 않는 것을 바라볼 때, 주님의 마음이 어떤 것인지 조금씩 느끼게 된다. 영적인 눈을 떠서 그들을 바라보라. 귀를 열어 아이들의 신음 소리를 들어 보라. 육신은 잘 먹고 있지만, 멀쩡한 것 같지만 그들의 영혼은 벗겨짐을 당해 고생하고 있다. 그 고생이 얼마나 심한지, 성경은 그들이 기진했다고 기록하고 있다.

"기진함이라."

개역한글판에서는 '유리하다'라는 단어로 번역되어 있다.

"유리하다."

이 단어는 방향을 알지 못하는 양이 푸른 초장을 찾으려다가 더이상 찾지 못하고 지쳐 버린 상태를 뜻한다.

정말 그렇다. 아이들은 학력이 푸른 초장인 줄 안다. 부모가 그렇게 가르쳤다. 그래서 아이들은 학력이 처지면 인생을 포기한다. 어떤 경우는 1등을 하고서도 자살하는 아이들이 있다. 또 아이들은 메이커가 푸른 초장인 줄 안다. 하나님의 형상대로 지음받은 존귀한 존재임을 망각하고 명품으로 자신을 꾸미려고 한다. 인기가 푸른 초장인 줄 안다. 친구들한테 인기를 얻으려고 아이들은 크리스천으로서 가져야 할 모든 것을 그냥 버린다. 목자가 없는 사이에 아이들은 쾌락이, 돈이 푸른 초장인 줄 알고 유리한다. 그들은 기진해 있다.

아이들에게는 유리하는 양 떼를 불쌍히 여기는 목자가 필요하다. 유리하고 기진해 있는 아이들의 모습을 보는 목자가 필요하다. 아이들의 겉만 보고 판단하는 교사가 아니라, 아이들의 영혼을 바라보며 그들을 불쌍히 여기는 목자가 필요하다. 주님이 그러셨다. 목자 없이 유리하는 사람들을 불쌍히 여기셨다. 여기서 '불쌍히'는 헬라어로 '스플랑크니조마이($\sigma\pi\lambda\alpha\gamma\chi\nu\iota\zeta o\mu\alpha\iota$)'라는 단어로 '몸 안의 내장'을 뜻한다.

'몸 안의 내장.'

내장이 뒤틀리는 경험을 해 본 적이 있는가? 애간장을 태워 본 적이 있는가? 예수님은 내장이 뒤틀려 아무리 약을 먹어도 뒹굴 뒹굴 구르는 듯한 아픔을 느끼신 것이다. 세상이 무너져도 요동하지 않으신 주님, 풍랑 이는 바다에서도 잠을 청하신 주님. 그 주님의 내장이 뒤틀리고 있는 것이다.

주님의 마음을 이해하기 위해 비슷한 단어를 구약에서 찾아보면 히브리어로 '라카밈(רחמים)'이라는 단어가 있다. '긍휼'이라는 뜻인데, 원래 의미는 '여인의 자궁'이다. 긍휼은 여인이 출산할 때 자궁이 흔들리는 고통을 느낀다는 의미다. 주님이 그런 견디기 힘든 고통을 느끼고 계신다. 왜 주님의 마음이 이토록 아프실까? 마태복음 9장 35절을 보면 예수님의 유명한 3대 사역이 나오지 않는가? 가르치고 전파하고 고치신 예수님, 탁월한 교사이자 치유자이셨던 예수님이 왜 애간장이 녹는 아픔을 느끼시는가? 목자 없는 양과 같은 무리가 고생하며 기진하고 있기 때문이다.

잘 가르치는 교사, 아이들을 변화시키는 목자의 심정을 가진 교사에게는 이 고통이 있다. 내장이 뒤틀리는 고통이 있다. 한 주간 밖에 나가서 살다가 교회학교로 들어오는 아이들을 바라보면서 그의 마음에는 견디기 힘든 고통이 있다.

지구촌교회가 한국 교회 최초로 목장으로 전환했다고 하니 많은 사람들이 취재와 탐방을 하러 왔다. 그때마다 들려주고 싶은 메시지는 오직 하나다. 주님이 그러셨듯이, 아이들의 영혼을 볼 때 그들을 불쌍히 여기는 마음을 가지는 목자가 되어야 한다는 것이다.

사실 우리 교회의 교육 부서가 5,000명에 이를 때 너무 힘들었다. 아이들은 늘어나는데 목자를 구하기가 너무 힘들었기 때문이다. 30년 교사 경력을 자랑하며 주일학교 문을 두드리는 사람은 있었지만 목자를 찾기는 힘들었다. 그냥 주일에 한 번 더 예배드리고 아이들과 분반공부를 할 정도의 사람은 간혹 있었지만, 아이들을 불쌍히 여기는 사람은 찾기 힘들었다. 그래서 목장교회로 전환한 것이다. 수적인 성장이 안 돼서가 아니라, 고생하며 유리하는 아이들에게 그들을 불쌍히 여길 줄 아는 목자가 필요했기 때문이다.

"와, 이제 교회 잘 나오네."

"목사님, 처음에는 목사님 설교가 좋아서 나왔는데요, 이제 목자님 때문에 나와요. 샘나시죠?"

부모의 이혼으로 처음 교회에 나와서 그렇게 울던 녀석이 목장모임을 마친 후 복도에서 마주친 내게 밝은 모습으로 들려준 음성이다. 이 음성이 더 많이 들려지는 날, 한국 교회학교에 부흥이 올 것이다.

주일마다 만나는 아이들을 어떤 마음으로 만나고 있는가? 아이들을 보면서 주님처럼 불쌍한 마음을 느끼려면 어떻게 해야 할까?

● 아이들을 변화시키는 지구촌교회 교회학교 포인트

1. 목자의 정체성을 가져라.

지구촌교회 교회학교의 가장 중요한 핵심은 교육 목자들이 있다는 것이다. 그러나 한국 교회 처음으로 교육 목장으로 전환하는 것은 쉽지 않았다. 오랫동안 교회학교 시스템에 익숙해져 있었기 때문이다. 그래서 부임하자마자 그동안 해 오던 교사 교육의 내용을 버리고 "왜 우리가 목장으로 전환해야 하는지", "목자란 무엇인지", "목자는 어떤 역할을 해야 하는지"를 강의하고 함께 기도하기 시작했다. 그러자 교사들이 주님을 닮은 선한 목자가 되기를 소원하기 시작했다. 기존의 교회학교 시스템을 교육 목장 시스템으로 바꾸기 원한다면 결코 서두르지 말고, 목자의 정체성을 가질 때까지 충분한 메시지와 교육이 이뤄져야 한다. 그리고 무엇보다도 교역자가 목자로서 교사들에게 다가서야 한다. 교역자가 주말에만 교사들과 만나는 것이 아니라 주 중에도 교사들을 돌봐야 한다는 것이다.

2. 양을 가르치지 말고 돌보라.

지구촌교회 교육목자는 돌보는 사람이다. '아이들에게 성경을 어떻게 가르칠까?'를 고민하는 사람이 아니라 '어떻게 성경대로 살 수 있도록 돌볼 수 있을까?'를 고민하는 사람이다. 그런데 처음 교사가 된 분들이나 타 교회에서 교사로 섬기다가 지구촌교회 성도가 되어 교회학교 교사가 된 분들의 경우 늘 가르치려고만 한다. 이를 극복하기 위해 교육목자 오리엔테이션과 교육을 통해 교육 목장에 대한 개념을 설명해준다. 하지만 이것만 가지고는 교육 목자가 된다는 것이 무엇인지 알지 못한다. 그래서 교사를 지원한 사람들이 기존의 교육 목자가 돌보는 목장에 들어가서 목장을 경험하게 한다. 그러면 그분들도 돌보는 목자로서의 사명을 감당하기 시작한다.

3. 양을 불쌍히 여기라.

지구촌교회에서 교육목자 교육을 할 때 제일 강조하는 부분이 바로 이 부분이다. 많은 교사들이 아이들이 버릇없고 다루기 힘들고 말을 안 듣는다고 생각한다. 그런 생각을 갖고 임하는 분반공부는 부흥되지 않는다. 말하지 않아도 교사가 어떤 마음으로 자기들을 대하고 있는지 알기 때문이다. 그래서 아이들의 특징과 상황에 대해, 특히 영적으로 기진하고 유리하고 있는 아이들의 모습에 대해 교육하고 교육목자 모임 시간에 자주 나누게 한다. 아이들을 불쌍히 여기는 마음이 있을 때, 아이들은 비로소 교육 목자에게 마음을 열고 도움을 청하러 오기 때문이다. 그래서 기존의 교사 주례회와는 달리 지구촌교회의 교육목자 모임에서는 아이들에 대한 이야기가 많이 나온다. 그 아이들을 어떻게 도울 수 있는지 함께 고민하고 기도한다. 거기에 놀라운 변화와 부흥이 있다.

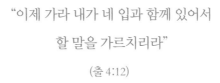

"이제 가라 내가 네 입과 함께 있어서

할 말을 가르치리라"

(출 4:12)

5장

동행하지 않을 거면
가르치지 마라

교사는 가르치기만 하는 사람이 아니다. 교사는 아이들과 함께하는 사람이다.
그리고 그 함께함은 먼저 예수님과 동행할 때만이 가능하다. 예수님과의 동행
을 통해서 기쁨을 체험한 사람만이 함께하는 것의 가치를 알기 때문이다.

 함께하는 기쁨을 체험하라

선생님들이 교회학교를 맡고 나서 제일 고민하는 것은 롤모델
이 없다는 것이다. 어떻게 가르쳐야 잘하는 것인지를 모른다. 나
역시 교사가 되고 나서 그게 제일 고민이었다.

"예수님이야말로 가장 위대한 교사시니까 예수님을 따라 하자!"

성경 지식은 많지 않았지만 나는 예수님 흉내를 내 보기로 작정
했다. 예수님처럼 할 수 있다는 자신감이 있어서가 아니었다. 하
루아침에 예수님처럼 살 수 있는 인격을 만들 수는 없지만 몸부림
을 쳐 보기로 한 것이다. 그렇게 몸부림치면서 풋내기 교회학교

교사로 일하던 나에게 하나님이 말씀을 주셨다.

> "예수께서 마태의 집에서 앉아 음식을 잡수실 때에 많은 세
> 리와 죄인들이 와서 예수와 그의 제자들과 함께 앉았더니
> 바리새인들이 보고 그의 제자들에게 이르되 어찌하여 너
> 희 선생은 세리와 죄인들과 함께 잡수시느냐"(마 9:10-11).

세리와 죄인의 자리에 있었던 나를 부르신 하나님의 은혜를 깨
달았다. 그런데 그날따라 다른 단어가 눈에 들어왔다. 늘 읽던 말
씀 속에서 '많은 세리와 죄인들'이라는 단어를 묵상했는데, 그날
은 이상하게 '함께'라는 단어가 내 마음에 들어왔다.
"함께 앉았더니."
그랬다. 예수님의 교육은 말로만 가르치는 교육이 아니라 함께
하는 교육이었다. 예수님의 가르침의 핵심은 강의가 아니라 함께
하는 것이었다. 그것을 깨닫고 성경을 보니까 예수님의 제자 훈
련은 철저히 함께하는 교육이었다. '함께'라는 단어가 계속 눈에
띄었다.

> "예수께서 산에 오르사 제자들과 함께 거기 앉으시니"(요
> 6:3).

"예수께서 제자들과 함께 바다로 물러가시니 갈릴리에서 큰 무리가 따르며"(막 3:7).

"예수께서 따로 기도하실 때에 제자들이 주와 함께 있더니 물어 이르시되 무리가 나를 누구라고 하느냐"(눅 9:18).

"예수께서 이 말씀을 하시고 제자들과 함께 기드론 시내 건너편으로 나가시니 그곳에 동산이 있는데 제자들과 함께 들어가시니라"(요 18:1).

"저물 때에 예수께서 열두 제자와 함께 앉으셨더니"(마 26:20).

이후 경건의 시간을 가질 때마다 그 단어가 내 눈과 마음을 사로잡았다. 이 말씀을 묵상하면서 제일 큰 변화는 먼저 나에게 일어났다.

'예수님이 나와도 함께하고 계시는구나!'

혼자 가르치는 것이 아니라는 믿음이 생기자 힘이 났다. 예수님과의 대화도 점점 길어졌다.

"예수님, 우리 현우를 만났는데 애가 친구들 사이에서 고민이 많아요. 재헌이가 부모님 구원을 위해 기도하고 있는데 응답이 안 온대요. 어떻게 되신 거예요?"

예수님이 함께하심을 믿는 순간, 가르침에 놀라운 변화가 생겼다. 아이들과 만나는 시간이 걱정되지 않았다. 뿐만 아니라 주님과의 기도 시간이 길어지고, 주님이 가르쳐 주신다는 확신이 들었다. 보혜사 성령님을 보내신 이유를 알 것 같았다.

> "보혜사 곧 아버지께서 내 이름으로 보내실 성령 그가 너희
> 에게 모든 것을 가르치고 내가 너희에게 말한 모든 것을 생
> 각나게 하리라"(요 14:26).

내가 가르치는 것이 아니라 하나님이 가르치시는 것이다. 중요한 것은 내가 그분과 동행하느냐다. 그분과의 동행이 없다면 내 가르침은 인간적인 가르침에 불과하다. 그래서 나는 함께해 달라는 기도를 더욱 간절히 했다. 가르친다는 것은 인간의 지혜를 사용하는 것이 아니라 그분과 동행한 삶을 나누는 것이다.

두 번째 변화는 가르치는 일에 담대함이 생긴 것이다. 예수님이 함께하시면 못할 것이 없었다. 아침마다 다가오신 예수님의 동행을 느끼며 경건의 시간을 마치면, 아이들과 함께하는 것이 걱정되기보다는 오히려 기다려졌다.

세 번째로 가르치는 것이 변화되었다. 분반공부 교사용 교재를 읽고 답을 달아 가르치던 것이 말씀으로 나를 먼저 변화시킨 삶을

나누는 것으로 변했다. 분반공부 교실은 교회 예배당이 아닌, 아이들의 삶의 공간이 되었다.

언제나 아이들이 노는 곳에 함께 있었고, 아이들이 좋아하는 곳에 함께 갔고, 아이들이 힘들어하는 현장에 함께 있었다. 아이들과 농구를 했고, 집집마다 심방을 다녔다.

"아니, 교회 선생님이 우리 집에 무슨 일로…."

한 번도 교회학교 교사의 심방을 받아 본 적이 없는 부모님들은 반갑게 맞이하기보다는 불편해하고 당황하셨다. 하지만 시간이 흐르면서 아이들을 향한 부모의 생각과 고민을 알게 되었고, 함께 기도하는 기도의 동역자가 되었다. 그 어머님들과 함께 기도회를 시작한 것이 어머니기도회의 시작이었다.

교사와 아이들, 어머님들까지 함께하자 놀라운 일이 벌어졌다. 서울에 있는 자그마한 산동네 교회에 250명가량의 아이들이 몰려든 것이다. 아이들을 변화시키시는 예수님의 방법은 오늘날에도 통하는 가장 강력한 방법이었다.

이후 지구촌교회라는 대형 교회에 와서도 "함께하는 것이 가르치는 것이다"라는 교육 철학을 포기하지 않았다. 오자마자 아이들과 어울렸다. 특히 양복 입고 오락실에서 아이들과 함께 당시 유행하던 DDR을 했던 것은 정말 잊을 수 없다.

"목사님, 쪽팔리지 않으세요?"

"야, 쪽팔리고 뭐고 난 왜 이렇게 안 되는 거야."

씩씩대며 DDR을 하고 있는 내 모습이 웃겼던지 아이들은 웃음을 참지 못하고 킥킥대기 시작했다. 뒤에서 킥킥대며 DDR을 그렇게 잘 뛰던 아이가 졸업하고 찬양 목자가 되었고, 지금은 버클리음악대학교에서 유학 생활을 하고 있다.

"DDR은 교사의 사명이다."

나는 DDR 경험을 교사들과 나누면서 사명이라는 말로 거창하게 교육 철학을 늘어놓았다. 하나님과 동행하기에 아이들과 동행하는 것이 사명이라는 것을 나누고 싶었다. 주님이 지금 제자들을 데리고 다니며 가르치셨다면 아마 DDR을 하셨을 것이라고 확신한다.

DDR의 효과는 대단했다. 양복 입고 DDR을 뛰고 난 다음 놀라운 일이 벌어졌다. 아이들이 나만 보면 웃었다. 좋아한다는 사인이었다. 이후 나는 당시 유행어처럼 그야말로 아이들의 '짱 목사'가 되었다.

"야, 그 목사님 정말 짱이야!"

사실 산동네 교회 아이들도 그랬다. 아이들은 나를 졸졸 따라다녔고, 내가 하는 큐티를 따라 하기 시작했다. 자연스럽게 떡볶이와 햄버거를 먹으면서 큐티를 나누고 힘겹게 사는 아이들의 기도 제목을 듣게 되었다. 아무 말 하지 않았던 아이들의 속내를 알면서 울기도 많이 울었다.

성경적 가르침, 그것은 예수님처럼 제자들과 함께하는 것이다.

교사용 답안을 외워서 답 달고 강의하는 것이 아니다. 시설 투자나 공과보다 중요한 것은 교사가 함께하는 것이다. 프로그램이나 교재보다 중요한 것은 함께하는 사람이다. 그러기에 교사는 가르치기만 하는 사람이 아니다. 교사는 아이들과 함께하는 사람이다. 그리고 그 함께함은 먼저 예수님과 동행할 때만이 가능하다. 예수님과의 동행을 통해서 동행의 기쁨을 체험한 사람만이 함께하는 것의 가치를 알게 되기 때문이다. 함께하는 것, 그것이 가장 잘 가르치는 비결이다. 아니, 함께하면 그분이 할 말을 하게 하실 것이다.

먼저 하나님과 동행하고 아이들과 함께하려면 어떻게 해야 할지 토론하고 결단하라.

 하나님과 동행하는 교사는 사랑할 줄 안다

기독교 진리는 복잡하지 않다. 사람들이 칼 바르트(Karl Barth)라는 유명한 학자에게 성경의 진리에 대해 물어보았다.

"선생님이 오랫동안 연구하신 성경의 진리를 가르쳐 주십시오."

"음, 그것은 예수 사랑하심이 성경에 써 있다는 것입니다."

"그것이 다입니까?"

"네, 그것이 성경의 진수입니다."

하나님의 말씀을 가르친다는 것은 복잡하게 무엇을 가르치는 것이 아니다. 탁월한 성경적 지식을 자랑하는 시간이 아니다. 가르친다는 것, 그것은 주님처럼 사랑하는 것이다. 성경을 많이 알고 있는 사람이 지식을 전달하는 것이 아니라, 성경을 통해 주님의 사랑을 알고 주님처럼 제자들을 사랑하는 마음과 행위다.

미국의 한 대학교의 사회학과 교수가 학생들에게 볼티모어의 할렘가 아이들의 미래에 대해 조사해 오라고 했다. 조사를 마치고 돌아온 200명의 학생들의 결과는 모두 한결같았다.

"이들에게는 미래가 없습니다. 아무런 기회도 주어지지 않기 때문입니다."

30년이 지난 후 후임으로 온 교수가 우연히 이 보고서를 보고는 호기심이 생겼다. 이 아이들의 미래가 어떻게 되었을지 궁금해진 교수는 학생들에게 아이들의 미래가 어떻게 진행되었는지 조사해 오라는 과제물을 내줬다. 학생들의 보고는 30년 전 예측과 전혀 달랐다. 아이들은 의사나 변호사, 기업인 등이 되어 성공적인 인생을 살고 있었다. 더 궁금해진 교수는 그 이유를 조사해 오라고 시켰다. 학생들은 거의 모두 동일한 보고를 했다.

"한 여자 선생님 때문이었습니다."

30년 전의 예측과 달리 성공적인 인생을 살고 있는 그들은 자신들의 성공의 이유가 한 선생님 때문이라고 했다. '어떤 선생님일까?' 더욱 궁금해진 교수는 수소문 끝에 그 선생님을 찾았다.

"어떻게 아무런 기회도 주어지지 않은 아이들을 그렇게 교육시키실 수 있었습니까?"

그러자 하얀 백발이 되었지만 눈빛은 유난히도 빛났던 선생님이 빙그레 웃으며 이렇게 대답하셨다.

"난 단지 그 아이들을 진심으로 사랑했을 뿐입니다."

사랑이 사람을 변화시킨다. 예수님이 우리를 변화시키기 위해 사용하신 것은 율법이 아니라 사랑이었다. 오랫동안 이 평범한 진리를 알고 있었지만 이 말씀이 내 삶에서 호흡하기까지 참 긴 시간을 보냈다.

"선생님은 내 문제만 보이시죠? 저도 인정받고 사랑받고 싶단 말이에요."

"선생님은 우리를 사랑하지 않고 가르치려고만 한다"면서 내뱉은 한 아이의 고백이었다. 교육을 위한 목표는 있었지만 아이들을 가르칠 수 있는 마음이 준비되지 않았던 그때 일이 꼭 어제 일처럼 선명하다. 그때의 부끄러움이 아직도 가슴을 시리고 아프게 한다. 가르치는 것은 먼저 하나님을 사랑하고, 아이들을 사랑하는 것이다.

> "우리가 이 계명을 주께 받았나니 하나님을 사랑하는 자는
> 또한 그 형제를 사랑할지니라"(요일 4:21).

아이들을 가르치기가 점점 힘들어지는 것은 성경에 대한 지식이 없어서도 아니고 아이들에 대한 이해가 부족해서도 아니다. 주님이 제자들을 사랑하셨듯이 아이들을 사랑하지 못하기 때문이다.

풋내기 교사 시절, 나는 성경을 많이 연구하기만 하면 좋은 교사가 될 것이라고 생각했다. 바리새인이 날마다 성경을 상고하면서도 그것이 주님이 주시는 영생에 대한 말씀인 것을 몰랐던 것처럼, 성경을 공부하면서도 아이들을 사랑하는 것이 가르침의 핵심인 것을 몰랐다. 그런 나에게 던진 그 아이의 한마디는 가르침에 대한 내 생각을 깨뜨렸다.

'아, 가르친다는 것은 사랑하는 것이구나!'

이후 아이들을 사랑하기 시작했다. 아니, 아이들을 사랑하려고 몸부림을 쳤다. 아이들이 있는 곳이면 어디든 뛰어갔다. 아이들이 농구를 하면 농구를 하고, 떡볶이집에 가면 떡볶이집에 따라갔다. 오락에 빠진 아이를 찾기 위해 오락실을 찾아갔다. 아이들

이 보고 싶었다. 한 번이라도 더 만나고 싶었다. 그때 아이가 던진 한마디는 이거였다.

"선생님, 창피하게 오락실까지 따라와요?"

조그마한 교회의 교회학교 교사였던 나는 아이들을 위해서라면 어디든 달려갔다. 어머니는 그런 내 모습이 한심해 보였는지 한마디 하셨다.

"다 커서 아이들하고 노는 것이 창피하지도 않니?"

재수생 시절, 자신의 앞가림도 하기 힘든 다 큰 아들이 아이들과 함께 어울리고 있는 것이 어머니 눈에는 한심해 보였을 것이다. 하지만 사랑은 어머니의 염려를 뒤로하고 아이들과 함께하는 것에 열중하게 만들었다. 아이들을 위해 안 한 게 없다. 아니, 못할 게 없었다.

"선생님, 이거 해서 책 사 준 거예요?"

"아니, 그냥 심심하잖아."

"심심해서 새벽까지 일해요?"

"내가 원래 좀 잠이 없잖니."

"선생님, 부담스러워요. 이렇게까지 하실 필요 없잖아요."

"…"

"미안해요."

"이 녀석, 뭐가?"

"그냥요."

부담스럽다던 그 아이가 이제는 어엿한 성인이 되었다. 그 아이를 차로 데려다 주고 돌아오던 그날 아침, 찬양을 부르면서 내내 눈물이 났다.

그렇게 오직 아이들의 변화를 사모하며 교회학교 현장을 떠나지 않고 지내 온 20여 년의 시간, 주님처럼 아이들을 사랑하고 싶었던 몸부림에 열매가 맺혔다. 변화된 아이들이 성숙한 어른이 된 것이다. 경찰이 되겠다던 말썽쟁이 녀석이 정말 경찰이 되었고, 하나님을 위해 찬양하겠다던 아이가 명문 대학교 음대생으로 변하기도 했다.

주일학교 현장에 있으면서 철저히 깨달은 것이 있다. 아이들의 변화는 가르치는 자의 사랑을 통해 일어난다는 것이다. 그러기에 사랑이 없는 가르침은 가르침이 아니다. 오직 사랑 안에서 참된 것을 말하는 사람이 참된 교사다.

"그가 우리를 위하여 목숨을 버리셨으니 우리가 이로써 사랑을 알고 우리도 형제들을 위하여 목숨을 버리는 것이 마땅하니라"(요일 3:16).

주님은 오늘도 가르침의 현장에 있는 사람들에게 한 가지를 물으신다. "네가 날 사랑하느냐?"

하나님과 동행하는 교사는 주님처럼 사랑을 배운다. 그리고 그 사랑으로 아이들을 만나고 가르친다. 그렇다면 당신은 아이들을 사랑하는가? 사랑을 표현하는가? 그 사랑을 실천하려면 어떻게 해야 할까?

1. 아이들과 함께하며 아이들끼리도 함께하게 하라.

지구촌교회 교육목자들은 아이들과 함께하는 시간이 많다. 그러다 보니 아이들끼리도 함께 어울리는 시간이 많다. 목장이 잘되는 목자일 수록 그 내용을 들여다보면 별거 없다. 그저 아이들과 함께 놀고, 함께 밥 먹고, 함께 게임하고, 함께 기도하고, 함께 울고, 함께 웃는다. 한국 교회 주일학교 사역의 대가들은 모두 아이들과 함께 어울렸던 분들이다. 고작 교회학교 분반공부 시간 몇 십 분으로 아이들이 세상적으로 살지 않고 크리스천답게 살아가기를 기대하는 것은 어불성설이다. 그렇다고 분반공부를 매일 할 수도 없다. 중요한 것은 함께하는 것이다. 분당우리교회의 이찬수 담임 목사님과 가끔 교제를 하는데 그 교회의 표어가 눈에 들어왔다. "함께 울고 함께 웃는 우리교회." 이 말이 이렇게 바뀌면 아이들은 변화된다. "함께 울고 함께 웃는 우리 선생님!".

2. 예수님처럼 아이들에게 사랑을 행하라.

지구촌교회 교육목자들이 아이들을 사랑한다는 것을 아이들은 알고 있다. 먼저 아이들이 교회에 오면 반가워서 어쩔 줄을 모른다. 아이들이 빠지면 반드시 심방을 간다. 가정에 문제라도 생기면 한걸음에 달려간다. 아이들과 종종 어울린다. 아이들의 생일을 개인적으로 챙기고 함께 식사를 한다. 한번은 우리 애를 맡고 있는 교육 목자님이 아이 발표회에 오셨다. 바쁘신데 어떻게 오셨느냐고 질문하니까 바로 옆에서 애가 대답했다. "에이, 아빠. 목자님은 나를 사랑하셔요." 아이들을 사랑하는 것, 그것은 어떤 교육지침서에도 반드시 등장하는 교육의 원리다. 하지만 아이들을 사랑하는 교사가 있는 교회는 별로 없다. 그야말로 '말로만' 이다. 사랑을 행하라. 반드시 부흥을 경험하게 될 것이다.

3부

먼저
나부터 변해야 한다

아이들을 가르치기 전에 먼저 나부터 말씀을 통해 진정한 목자로 변화되어야 한다.

내 마음이 먼저 성령님으로 변화되어야 하나님의 뜻을 분별하여 가르칠 수 있다.

성경이 우리에게 주는 가르침의 본질은 끊임없이 자신을 변화시키는 것이다.

"하나님의 말씀은 살아 있고 활력이 있어

좌우에 날선 어떤 검보다도 예리하여

혼과 영과 및 관절과 골수를 찔러 쪼개기까지 하며

또 마음의 생각과 뜻을 판단하나니"

(히 4:12)

6장

말씀의 능력이 없으면
가르치지 마라

요즘 아이들에게는 교회 문화보다 세상 문화가 훨씬 더 매력적으로 다가간다. 이런 아이들을 변화시킬 수 있는 것은 하나님의 말씀밖에 없다. 아이들을 가르치는 사람은 무엇보다 말씀을 전하는 일에 우선순위를 두고 최선을 다해야 한다.

 아이들은 살아 있는 말씀을 원한다

"어떻게 아이들이 이렇게 설교에 집중할 수 있죠?"

부산에서 제법 큰 교회의 교회학교 부장님들과 선생님들이 우리 아이들의 예배를 지켜보고 한 말이다. 지구촌교회 교육 부서를 방문한 사람들이 다 감탄하는 것 중 하나는, 말씀에 집중하는 아이들이 있다는 것이다. 보통 교육 부서와는 사뭇 다른 모습이니 감탄할 만도 하다.

지구촌교회 아이들은 말씀을 사모한다. "수련회 때 가장 기대되는 프로그램이 무엇인가?"라고 물으면 서슴없이 말씀이라고 대답한다. 매월 셋째 주 오후 6시에 진행되는 찬양축제 때도 아이들은 말씀 듣는 시간을 가장 행복해한다. 3,000명의 많은 인원이 모여 있어도 떠들거나 지루해하는 아이들은 찾아보기 힘들다. 유학 간 친구들이 가장 그리워하는 것도 말씀이다. 이렇듯 말씀을 사모하는 아이들이 있으니 변화되지 않는 것이 오히려 이상한 것이다.

물론 처음부터 그랬던 것은 아니다. 지구촌교회에 처음 왔을 때 예배 시간에 보는 아이들의 모습은 그야말로 도떼기시장이었다. 50대 안수집사님이 기타를 배운 지 얼마 안 되셨는지 겨우 코드를 잡아 가며 아이들과 동떨어진 찬양을 부르면서 예배가 시작되었다.

"어두운 밤에, 캄캄한 밤에 새벽을 찾아 떠난다…."

찬양을 부르는데 정말 마음이 어두워졌다. 찬양을 따라 부르는 아이가 단 한 명도 없었다. 예배가 아니었다.

요즘 초등부 고학년 이상을 맡고 있는 사역자들과 교사들의 고민은 아이들이 찬양을 따라 부르지 않는다는 것이다. 그래서 키보드를 사고 드럼을 들여놓지만 그래도 아이들은 찬양하지 않는다. 찬양은 환경을 바꿔 준다고 해서 되는 것이 아니기 때문이다. 중요한 것은, 아이들이 구원자요 주님이신 예수님을 인격적으로 만나는 것이다. 찬양이 무엇인가? 하나님의 은혜를 깨닫고 예수님을 영접한 아이들이 그 은혜에 감사해 "하나님 최고"라고 부르는 노래가 아니던가? 찬양에서 환경보다 중요한 것은 아이들이 거듭나는 것이다.

"하나님의 말씀은 살아 있고 활력이 있어"(히 4:12).

이 말씀을 붙들고 하나님께 기도했다.

"하나님, 예배하지 않는 아이들이 말씀을 통해 하나님의 은혜를 깨닫고 예배하게 하옵소서."

매주 하나님께 부르짖으며 말씀을 준비했다. 3개월이 지나자 놀라운 변화가 일어났다. 3명의 아이들이 찾아와서 찬양팀을 하고 싶다고 말한 것이다. 그렇게 찬양팀을 모집하려고 해도 뺄질 대던 녀석들이 찬양팀을 하겠다는 것이었다.

"예수 사랑해요. 나 주 앞에 엎드려….."

찬양을 부르던 아이들의 눈에서 눈물이 났다. 예수의 사랑을 깨달았기 때문이다. 십자가의 은혜가 깨달아지자 아이들은 예수님을 사랑한다면서 눈물로 찬양을 드리기 시작했다. 그러자 예배를 무시하며 앉아 있던 아이들이 당황하기 시작했다. 얼마 전까지 함께 떠들던 자신의 친구들이 눈물을 흘리며 찬양을 부르는 게 아닌가?

역시 하나님의 말씀에는 능력이 있었다. 아이들이 말씀을 통해 은혜 받고 변화되기 시작한 것이다. 이후 더 큰 확신을 가지고

"니들이 믿음을 알아?", "니들이 비전을 알아?"라는 제목으로 시리즈 설교를 해 나가기 시작했다. 놀랍게도 모든 아이들이 예배에 집중하기 시작했다. 모두 입을 벌려 찬양을 부르고 하나님의 말씀에 집중했다. 말씀이 끝나면 아이들은 뜨거운 눈물을 쏟으며 회개와 감사의 기도를 드렸다.

"목사님, 애들보다 우리가 더 많이 은혜 받아요."

"격려해 주셔서 감사드립니다, 이 선생님."

"아니에요. 주일이면 어른 예배에서 은혜 받고 또 아이들 예배에서도 은혜 받고, 얼마나 행복한지 몰라요."

교사 하는 것에 저절로 힘이 난다고 했다. 살아 있는 말씀이 있는 예배가 아이들은 물론 선생님들까지 변화시킨 것이다.

그렇다. 하나님의 말씀은 우리의 심령과 골수를 쪼개어 마음의 생각과 뜻을 변화시킨다. 예배를 멸시하는 아이들을 예배를 소중히 여기도록 변화시키고 부정적인 아이들을 긍정적인 아이로 변화시키며, 죽어 가는 영혼들에게 새 생명을 준다. 말씀은 비전이 없는 아이들에게 비전을 주고, PC 게임에 빠진 아이들을 전도와 사회봉사에 빠지게 만들며, 세상 노래에 빠졌던 아이들을 찬양에 빠지도록 변화시킨다. 또한 말씀은 성경에 무관심했던 아이들이 성경 공부의 재미에 빠지게 만들고, 부모 말씀을 거역했던 아이들이 부모에게 순종하도록 변화시킨다. 이런 변화의 간증들이 지구촌교회에 넘쳐 나기 시작했다.

안녕하세요, 목사님. 저 해인이에요. 지금 미국인데 정말 잘 지내고 있습니다. 21세기 지도자 훈련 때 목사님이 해 주신 말씀들, 이젠 정말 피부에 와 닿는 것 같아요. 지금 공부가 약간 벅차지만 하나님이 주신 소명을 늘 생각하며 살고 있어요. 제가 미국에서 하나님의 사람으로 살 수 있게, 늘 제 비전을 생각할 수 있게 기도해 주세요.

아, 그리고 제가 말씀드렸는지 모르겠는데요, 제 비전이 생겼습니다. 미국에서 열심히 공부하고 한국으로 돌아가서 이 한국을 마지막 때에 하나님 편에 서서 싸울 수 있는 그런 나라로 만들고 싶습니다. 구체적인 방법은 아직 잘 모르겠지만 하나님이 방법도 알려 주시리라 믿습니다.

한국을 생각할 때마다 마음이 뜨겁고 나라를 품고 싶습니다. 목사님의 설교 말씀이 정말 제 인생을 바꾸었습니다. 늘 감사합니다. 안녕히 계세요.

말씀에 의해 변화된 아이들의 간증을 실으려면 이 책 한 권으로 모자랄 것이다. 지구촌교회 교육 부서에 참석하는 대부분의 아이들이 말씀에 의한 변화를 매주 경험하기 때문이다. 그래서 매주 간증을 받지는 못하지만 수련회에 갔다 올 때마다 우리는 말씀으로 변화된 간증들을 모아 간증집을 내는데 그야말로 감동 그 자체다. 그래서 수련회에서 가장 은혜 받는 시간은 설교 시간이 아니라 간증을 나누는 폐회예배 시간이다. 지구촌교회 교육 부서의 폐회 시간에는 남다른 감동이 있다. 함께한 모든 스텝들과 아이들이 닭똥 같은 눈물을 흘리며 몇 번이고 중단하면서 읽어 내려가는 간증에 큰 은혜를 받는다. 모두가 하나님의 말씀이 행한 기적이다.

한번은 수련회에서 이런 일도 있었다. 수련회 이튿날이 되자 서로 친숙해진 녀석들이 떠들고 잠을 자지 않았다. 그래서 "이렇게 떠들면 내일 하루 종일 설교할 거다"라고 경고를 주었더니 아이들이 환호성을 질렀다. "정말 말씀만 들을 수 있어요?"라고 묻는 중학교 2학년짜리 아이의 눈빛이 아직도 선하다.

그해 여름, 우리는 3시간씩 말씀을 들어도 시간 가는 줄 몰랐다. 집회 시작하기 전에 떠드는 아이들을 조용히 시키는 것도 간단했다. "앞으로 이 상태가 5분간 지속되면 오늘 메시지는 없습니다"라고 파워포인트로 올리면 아이들은 순식간에 조용해졌다.

아이들의 간식을 챙겨 주러 따라왔던 부모님들이 놀라곤 했다. 호랑이 선생님이 몽둥이를 들고 조용히 시키는 것보다 더 빠르게 침묵하는 아이들을 보면서 부모들은 말씀의 생명력이 어떤 것인지 몸소 느꼈다. 말씀은 살아 있다.

하나님의 말씀만이 아이들을 변화시킬 수 있다는 것을 믿는가? 하나님의 말씀을 잘 전하고 가르치려면 어떻게 준비해야 할까?

잘 가르치는 교사는 말씀에 대한 확신이 있다

"아이들이 도대체 변화되지 않아요. 말씀을 들으려고 하지를 않아요."

10년간 교회학교 현장을 떠나지 않았던 선생님의 하소연이다. 아이들을 가르치는 교사라면 누구나 아이들을 변화시키고 싶어 한다. 하지만 교육 현장에 있는 아이들을 보면 이상하리만큼 변화되지 않는다. 그 어느 때보다 교회학교 현장에 관심을 갖지만 아이들은 꿈쩍도 하지 않는다. 무엇이 문제일까?

"교육 시설에 투자하지 않아서."

"요즘 세대 아이들의 문화를 몰라서."

"시대 코드를 읽지 못해서."

"공부에 짓눌리게 하는 입시 환경 때문에."

교사강습회를 하면서 물어보면 나오는 대답들이다. 서울에 있는 작은 교회의 부흥과 지구촌교회 교육 부서의 부흥으로 인해 강습회를 다닐 때마다 이런 질문을 받는다.

"목사님, 지구촌교회 부흥의 비결이 무엇입니까?"

"하나님의 말씀 때문이었습니다."

"에이, 늘 하시는 대답 말고 어떤 교재와 프로그램이 있는지 나눠 주세요."

"네?"

말씀이 아이들을 변화시키는 비결이라는 정답을 말해 줘도 교사들은 더 이상 믿지 않는다. 아마 수년 전에 나온 이 보고서 때문이 아닐까? 한 기관에서 "아이들이 왜 교회에 오지 않는가?"를 조사한 적이 있다. 아이들이 교회에 오지 않는 이유 2위는 설교 때문이었고 1위는 분반공부 때문이었다.

분반공부와 설교 시간에 떠드는 아이들을 보면서 아이들이 말씀을 싫어한다고 생각하는 것은 어쩌면 자연스러운 반응일지도 모른다. 그리고 대안으로 열린 예배와 문화 사역을 강조하게 된 것도 교회학교를 사랑하는 몸부림일 수 있다.

아이들의 영혼을 직접적으로 변화시킬 수 있는 것은 문화가 아니라 말씀이다. 그런데 문화 사역이 강조되면서 말씀이 전해져야 할 시간에 스킷 드라마나 댄스, 빔 프로젝트에서 나오는 영상을 보여 주고, 대중 가수들의 테이프를 돌린다. 말씀의 회복 없이 문화 사역으로 대치되고 있는 것이다.

문화 사역이 중요하지 않다는 말이 아니다. 기독교 문화가 강력하다면 더 많은 아이들을 교회 안으로 쉽게 인도할 수 있다. 그러나 문제는 요즘 기독교 문화가 세상 문화에 너무 뒤처져 있다는 것이다. 문화는 순간의 노력으로 쉽게 극복할 수 있는 문제가 아니기에 문화 사역에 힘을 쏟아야 하지만 말씀 사역보다 앞서서는 안 된다.

예전에는 교회에 '문학의 밤'이라는 것이 있었다. 문학의 밤이 아이들에게 인기가 있었던 시절에는 쉽게 아이들을 교회로 인도할 수 있었다. 그 당시 교회는 아이들에게 아주 좋은 문화 공간을 제공하고 있었기 때문이다. 문학의 밤을 하면 교회에 오지 않던 아이들도 교회에 나오는 경우가 많았다. 교회라도 가야 기타를 치는 아이들을 볼 수 있고 시 낭송과 촌극을 볼 수 있었기 때문이다.

하지만 지금은 아니다. 세상 문화가 너무 앞서 있다. 시대가 변했다. 예전에는 문화 사역이 통하던 시기였지만 지금은 아니다. 문화의 흐름은 물과도 같다. 위에서 아래로 향한다. 초기 한국 기독교는 근대화와 문화를 이끄는 기수였다. 그러나 지금은 교회가 세상의 문화를 따라가고 있다. 찬양과 영상물을 비롯해 대부분의 문화 영역에서 세상을 카피하고 있다. 세상 문화는 내용은 악하지만 완성도 면에서는 기독교 문화를 앞지르고 있는 것이다.

찬양축제를 하면서 아이들에게 유명한 CCM 가수가 온다고 자랑한 적이 있다.

"민우야, 이번 주에 CCM 가수 OOO가 오거든. 친구들 많이 데리고 와."

"목사님, 애들 그 사람들이 누군지도 몰라요."

"그럼 네가 잘 소개해 봐."

"에이, 힘들어요."

"왜?"

"아이들한테는 그냥 가수가 더 좋아요."

인정하기 싫지만 인정할 수밖에 없는 것은 아이들에게 세상 문화가 훨씬 더 매력적이라는 것이다. 이런 아이들을 변화시킬 수 있는 것은 하나님의 말씀밖에 없다. 요즘 교사들에게는 이런 확신이 없다. 하지만 아이들을 변화시키는 교사와 사역자는 말씀에 대한 확신이 있다. 그래서 무엇보다도 말씀을 가르치는 일에 우선순위를 두고 최선을 다한다.

안녕하세요. 저는 수원에서 고등부 사역을 하고 있는 아주 행복한 전도사랍니다. 왜냐고요? 아이들이 좋고 예뻐서 행복하고, 아이들이 주님을 만나서 기뻐하는 것을 보니 행복하거든요.

목사님, 지난번 목사님 설교 특강을 듣고 많은 도전이 되었습니다. 말씀이 아이들을 변화시킨다는 확신을 갖게 되었어요. 그래서 저도 흉내 내려고 무지 기도하고 적용해 보고 있어요. 그래서인지 말씀을 붙들고 났더니 5개월 만에 2배로 부흥했답니다. 지금 고등부만 출석 인원이 150명이 넘어요.

날마다 학교로 심방 다니고 전도하러 가고, 주일이면 강해 설교를 해요. 어제와 오늘은 새해를 맞아 아이들에게 말씀을 전하며 축복기도회를 했는데요. 아이들이 얼마나 사모하던지 그 열기가 대단하답니다. 짱 목사님이 특강 때 주신 말씀을 생각하면서 다시 한번 꼭 만나 뵙기를 고대해 봅니다.

목사님, 새해에도 건강하시고 예수님 안에서 늘 행복하세요. 앞으로도 많은 도움 부탁드려요.

수원에서 고등부 사역을 하고 있는 이분은 자신을 40대 아줌마 전도사로 소개했다. 아이들과 코드를 맞추기가 쉽지 않은 나이지만 이분에게는 말씀에 대한 확신이 있었다. 말씀을 통해 아이들이 변화될 수 있다는 믿음으로 사역하시는 분이었다. 하나님이 이분을 축복하셔서 정말 놀라운 부흥을 이뤘다. 이런 부흥에 대한 피드백이 적지 않다.

안녕하세요, 목사님. 부흥회에 갔던 노나영이에요.

그때의 감동을 아직도 잊을 수 없어서 메일 보내요. 제가 7년 동안 안 다녔던 교회를 다시 다니기 시작했어요. 그동안 귀찮아서 여러 가지 핑계를 대며 안 나갔는데 이제 다시 교회에 나간답니다. 목사님 말씀을 듣고 교회를 다시 다녀야겠다는 생각이 들었거든요.

교육목장 홈페이지에서 동영상을 보고 분반 모임을 이끌어 가는 교사들에게도 말씀을 통해 아이들이 변했다는 소식을 종종 듣는다. 그중에 잊을 수 없는 선생님의 글을 소개한다.

목사님, 먼저 감사드린다는 말씀 드려요. 너무 엄청난 변화가 있었거든요. 저는 사실 의무감에 아이들을 가르치고 있었어요. 그런데 목사님이 쓰신『니들이 믿음을 알아?』로 가르치다가 복음을 확신하게 되었습니다. 얼마나 기뻤는지요.

그뿐이 아니에요. 아이들의 태도가 달라졌습니다. 무관심한 상태로 공과를 하던 아이들이 예수님을 영접했습니다. 그중에 한 아이는 예수님을 누구라고 생각하느냐는 저의 질문에 '예수님은…' 하더니 엉엉 울기만 했습니다.

목사님, 정말 감사드려요. 앞으로도 영상으로 뵙기만 하겠지만 목사님을 위해 기도하겠습니다. 목사님, 감사합니다.

전국에서, 심지어 중국과 몽골, 미국에서도 말씀을 통해 변화된 소식이 들려온다. 이 글을 읽고 난 그 자리에서 하나님께 기도했다.

"하나님, 이 땅의 교회학교 사역자와 교사들이 말씀을 붙들게 하옵소서! 말씀에 대한 확신을 갖고 가르치게 하옵소서!"

기도하는데 코끝이 찡해 왔다. 나는 결심했다.

"내가 이를 때까지 읽는 것과 권하는 것과 가르치는 것에 전념하라"(딤전 4:13).

말씀을 가르치는 자에게 중요한 것은 말씀에 대한 확신이다. 확신 없이 가르치는 자에게는 아무리 잘 만든 성경 교재라도 무용지물이 되고 만다. 그러나 확신이 있으면 말씀이 살아 역사할 것이다. 아이들은 설교와 분반공부를 싫어하지 않는다. 아이들이 싫어하는 것은 확신이 없어서 제대로 말씀을 준비하지 않은 설교와 분반공부일 뿐이다.

말씀에 대한 확신이 있는가? 확신이 없어서 분반공부 시간을 먹을거리나 다른 이야기로 때우고 있지는 않은가? 경건의 시간과 분반공부 시간을 통해 먼저 살아 있는 말씀을 경험하라.

● 아이들을 변화시키는 지구촌교회 교회학교 포인트

1. 말씀 준비를 철저히 하는 교사가 되어라.

지구촌교회 교육목자들이 목자로서 돌보는 사역을 감당한다고 하면 오해하는 사람들이 많다. 말씀은 가르치지 않느냐는 것이다. 아니다. 말씀을 기존의 방식대로 가르치지 말고 삶으로 가르치라는 것이다. 살아 있는 말씀을 가르치기 위해서 철저히 준비하라는 것이다. 이것을 교육목자 모임 때마다 강조해서 그런지 지구촌교회 교육목자들은 말씀 연구의 대가들이 많다.

일단 큐티는 기본이다. 자신은 큐티를 하지 않으면서 아이들에게 큐티를 하라고 가르치는 교사가 없다. 또한 셀 교재를 익숙하게 사용할 수 있도록 교육목자 모임 때 서로 준비한 것을 나눈다. 이때 가장 중요한 것은 자신이 말씀을 통해 은혜 받은 것을 나누는 것이다. 말씀은 지식으로 전달되는 것이 아니라 삶으로 전달되는 것이기에, 교재에 나온 말씀으로 자신이 어떻게 변화되었는지를 정리하고 그것을 아이들과 나눈다. 지식을 나누는 것이 아니라 그 말씀이 자신을 어떻게 변화시켰는지를 나누는 것이다.

이처럼 살아 있는 말씀에 대한 나눔이 지구촌교회 교회학교의 특징이다. 이를 위해 어린이 교재는 요단출판사에서, 청소년 교재는 GTM에서 출판해 한국 교회의 모든 교회학교와 나누고자 했는데, 아직도 기존 방식으로 사용하고 있는 교회가 얼마나 많은지 모른다.

2. 말씀으로 아이들이 변화된다는 확신을 갖고 나누라.

너무 뻔한 말이라고 생각하겠지만 결국 아이들을 변화시키는 핵심은 하나님의 말씀이다. 아이들이 분반공부를 싫어하는 것은 말씀을 싫어하는 것이 아니라, 준비되지 않은 교사의 말을 싫어하는 것이다.

지구촌교회에서는 이를 강조하기 위해 말씀으로 변화된 간증을 자주 나누게 한다. 수련회에서도 마지막 폐회예배 때 아이들이 삶으로 변화된 간증을 골라 나누게 한다. 그 간증 시간에 강력한 성령의 역사가 있다. 또 무엇보다도 교육 목자들이 말씀에 대한 확신을 갖게 된다. 그래서 수련회를 마치면 교사들이 더욱 말씀 연구에 몰입하게 된다.

윌로우크릭교회에서 교회학교 사역을 탁월하게 감당한 보 보셔스(Bo Boshers)는 확신에 대해 이렇게 말한다. "고등학교 미식축구 코치로서 내가 배운 사실은 팀을 승리 팀으로 만들려면 먼저 나 자신이 담대하고 확신에 차 있어야 한다는 것이다." 말씀에 대한 확신 없이는 아이들의 변화도 없다.

"너희의 구속자시요 이스라엘의 거룩하신 이이신

여호와께서 이르시되 나는 네게 유익하도록 가르치고

너를 마땅히 행할 길로 인도하는

네 하나님 여호와라"(사 48:17)

7장
나부터 변하고 가르치라

성경을 가르치는 것보다 중요한 것은, 먼저 내가 말씀으로 변화되는 것이다. 자신은 변화되지 않으면서 남에게 변화를 가르치는 것은 아무 의미가 없다. 내 마음이 먼저 성령님으로 변화되어야 하나님의 뜻을 분별하여 가르칠 수 있다.

 가르치기 전에 먼저 자신을 변화시키라

당신은 늑대에 대해 어떻게 생각하는가? '늑대'라는 단어를 듣자마자 음흉한 남자를 떠올렸다면 다음 글을 읽어 보라.

늑대는 평생 한 마리의 암컷과 사랑을 한다.
늑대는 자신의 암컷을 위해
목숨까지 바쳐 싸우는 유일한 포유류다.

늑대는 자신의 새끼를 위해

목숨까지 바쳐 싸우는 유일한 포유류다.
늑대는 사냥을 하면
암컷과 새끼에게 먼저 음식을 양보한다.

늑대는 제일 약한 상대가 아닌
제일 강한 상대를 선택해 사냥한다.

늑대는 독립한 후에도
종종 부모를 찾아와 인사를 한다.

늑대는 인간이 먼저 그들을 괴롭혀도
인간을 먼저 공격하지 않는다.

늑대와 남자는 엄연히 다르다.
남자를 늑대 같다고 칭찬하지 마라.
남자들이 늑대만큼만 살아간다면
여자는 울 일이 없을 것이다.

늑대에 대한 생각이 바뀌었는가? 아마 이 글을 읽기 전까지 늑
대에 대한 당신의 생각은 부정적이었을 것이다. 그러나 이 글을
읽고 자신의 생각을 바꾸는 순간 인식의 변화가 일어났을 것이

다. 자신의 생각과 삶이 변화되지 않고 누군가를 가르친다면 그 가르침은 엉뚱한 곳으로 흘러간다.

지금은 소비코(Sovico)로 이름을 바꾸었지만 신실한 믿음으로 한국의 음향을 책임지는 태영교역을 이끌어 가시는 권경섭 장로님과 유스 코스타(Youth Kosta) 강사들이 함께 식사를 하는 자리에서 한국 교회의 미래와 다음 세대에 대한 고민을 나눈 적이 있다.

"목사님, 세상은 참 빠르게 변하는데 교회가 적절한 대응을 하지 못하는 것 같아요. 특히 다음 세대 아이들에게 더 그런 것 같아요."

"장로님, 교회는 그 어디에서보다 변화를 강조하는데 왜 변화되지 못하는 걸까요?"

"목사님, 그거 아세요?"

"…"

"교회에서 강조하는 것이 교회에는 없습니다."

곰곰이 생각할수록 맞는 말이다. 교회학교의 부흥을 외치는 교회에 부흥이 없다. 교사의 사랑을 강조하는 교회에 사랑이 없다. 말씀과 비전을 강조하는 교회에 아이들이 붙들고 살아야 할 말씀과 비전이 없을 때가 많다.

왜 이렇게 되었을까? 간단하다. 자신은 변화되지 않으면서 변화를 가르치기만 했기 때문이다. 남을 변화시키려고만 했기 때문이다. 하지만 지구촌교회에서는 아이들이 변화되고 부모가 변화되고 교사가 변화된다.

안녕하세요. 저 명희에요. 기억하세요? 목사님이 처음 지구촌교회에 오셨을 때 중등부에 있었던, 김명희에요.

잘 지내시나요? 웹사이트에서 언뜻 보니 미국에 와 계신 것도 같은데, 너무 좋아 보이세요. 언제나 그랬듯이 목사님은 얼굴만 봐서는 얼마나 바쁘신지 잘 모르겠네요.

저는 아직도 텍사스에 있답니다. 지금 대학교 4학년이고요, 대학원에 진학하려고 준비 중이에요.

목사님한테 뜬금없이 연락드리는 건, 얼마 전에 저희 교회에서 한국 교육을 놓고 중보기도를 하며 기도제목을 내놓다가 어떤 분이 지구촌교회 교육 부서의 이야기를 꺼내셔서 목사님이 생각났기 때문이에요. 그 얘기가 나왔을 때 어찌나 자랑스러웠든지…. 한국의 교육 환경에 대해 이야기하면서 굉장히 답답하고 막막했는데, 이 세상에서 내놓는 경쟁과 성공이라는 잣대에 억눌리지 않고 하나님 안에서 비전을 찾고 이 땅을 정복할 아이들을 생각하니 부족한 제 믿음을 회개하게 되더라고요.

아무튼 하나님이 잊고 살았던 것들을 생각나게 하시고, 목사님을 위해 기도하게 하셔서 너무 감사해요. 제가 처음 예수님을 인격적으로 만나 변화된 곳이 지구촌교회에요. 언젠가 또 하나님이 이렇게 뜬금없이 기억나게 하시고 기도하게 하시리라 믿어요. 그때 또 연락드릴게요.

성경을 가르치는 것보다 중요한 것은 성경으로 변화되는 것이다. 세상의 가르침이 실패하는 이유는 무엇을 강조하지 않았기 때문이 아니라 자신을 변화시키지 못했기 때문이다. 성경은 교사들이 먼저 말씀을 통해 진정한 목자로 변화되어야 한다고 말한다. 하나님이 주시는 변화가 있을 때 우리는 아이들 앞에 설 수 있다. 인간의 지식과 논리로 아이들을 가르칠 수 있다고 생각한다면 말씀을 가르치는 사람이 아니다. 성령님이 나를 변화시키시는 경험을 해야 한다. 내 마음이 성령님으로 변화되어야 하나님의 뜻을 분별하여 가르칠 수 있다.

"너희는 이 세대를 본받지 말고 오직 마음을 새롭게 함으로 변화를 받아 하나님의 선하시고 기뻐하시고 온전하신 뜻이 무엇인지 분별하도록 하라"(롬 12:2).

자신을 변화시키는 가르침의 혁명을 경험한 사람만이 다른 사람들을 가르칠 수 있다. 그 혁명을 경험하기 위해 내가 가장 먼저 변화되어야 할 것은 무엇일까? 변화되어야 할 나의 태도와 생각들을 적고 기도하는 시간을 가져 보자.

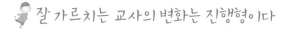 ## 잘 가르치는 교사의 변화는 진행형이다

하나님 앞에서 자신을 끊임없이 돌아보는 사람만이 아이들을 변화시킬 수 있다. 가르친다는 것은 성경에 대한 강의를 통해 누군가를 변화시키려고 노력하는 것이 아니다. 성경이 우리에게 주는 가르침의 본질은 강의가 아니라 끊임없이 자신을 변화시키려는 삶의 진행이다. 하나님을 통해 변화되고 있는 나의 모습을 다른 사람과 함께 나누는 삶이다.

성경은 자신을 끊임없이 변화시킨 사람들의 이야기로 가득하다. 그들은 주옥같은 어록을 남기지 않고 변화된 인생을 남겼다. 그 결과 그들은 지금도 우리에게 하나님의 말씀을 가르치고 우리를 변화시키는 위대한 스승으로 남아 있다.

고향과 친척과 아버지의 집을 떠나는 순종으로 믿음의 조상으로 변화된 아브라함이 그랬고, 형들에 의해 팔려 가는 고난을 통해 애굽을 다스리는 거목으로 변화된 요셉이 그랬다. 세상의 힘과 권력으로 세상을 바꿀 수 있다고 생각했지만 광야 생활을 통해 변화된 출애굽의 영웅 모세가 그랬고, 예수님을 핍박하며 출세와 야망을 위해 살다가 다메섹 도상에서 예수님을 만나 변화된 바울이 그랬다. 예수님의 가르침의 핵심은 우리 자신을 먼저 변화시키라는 것이었다.

하지만 안타깝게도 지금 교회에는 이런 가르침의 대가들이 없다. 교회학교 30년 경력만을 자랑하거나 1년을 버티기 힘들어하는 교사들, 세상의 가르침에 밀려 성경의 가르침을 전수해 주지 못하는 부모들, 아이들의 심령과 골수를 쪼개는 말씀을 전하지 못하는 사역자들의 틈바구니 속에서 가르침은 마치 쓰레기통에 처박힌 구시대의 유물처럼 취급받고 있다.

부흥하지 않는 교육 현장의 문제는, 더 나은 방법론을 찾지 못한 것이 아니라, 말씀으로 자신을 변화시키는 가르침의 본질을 모른 채 가르치는 사람이 너무 많다는 것이다. 그러니 아이들의 변화를 기대하기가 힘들 수밖에 없다. 많은 사람이 지구촌교회 교회학교의 변화를 궁금해하는데, 그 변화의 시작은 교사들이었다.

"목사님! 애가 주일이라고 깨우지도 않았는데 새벽에 일어나서 교회를 가요! 그뿐이 아니에요. 의료전문인 선교사가 되겠다고 하더니 코피를 흘려 가며 공부를 해요! 애가 그렇게 변할지는 꿈에도 생각하지 못했어요!"

수원에서 분당까지 예배에 빠지지 않고 나오는 우진이 이야기다. 우진이의 목자님은 자신의 생각 틀이 강한 분이었다. 아이들을 찾아가기는커녕 아이들을 혼내기 일쑤였다. 그런 분이 목자 부흥회에서 목자가 되어야 한다는 말을 듣고 아이를 찾아갔다가 1시간 동안 바람만 맞았다.

"목사님, 제가 안 된다고 했죠?"

1시간 동안 바람맞고 온 나이가 지긋한 목자님의 마음이 이해

되었다. 아이들은 구호의 변화로는 금방 변화되지 않는다. 마음이 상한 그분은 목자 모임에도 나오지 않으셨다. 그런데 그 다음 주에 예배를 마치고 밝은 미소로 인사하시는 게 아닌가?

"무슨 좋은 일 있으세요?"

"목사님, 목사님 말씀이 맞았어요. 내가 바람맞고 기다린 것을 애가 알고는 모임 태도가 달라졌어요."

우리 교회에는 이런 간증이 많다. 꿈에도 생각하지 못했던 일들이 지구촌교회에서는 자주 일어난다. 한 달이 지난 간증은 간증거리가 되지 못할 정도다. 가르침이 진행형이듯 변화도 진행형이기 때문이다.

이렇게 변화된 모습이 낯설지 않은 지구촌교회 교육부서는 이미 많은 사역자들과 교사들과 부모님들의 관심거리다. 여의도순복음교회와 사랑의교회를 비롯해서 작은 교회의 중고등부를 섬기고 있는 분들까지 거의 매주 우리 교육목장을 다녀가셨다. 그분들은 한결같이 이렇게 묻는다.

"어떻게 애들이 이렇게 놀랍게 변화될 수 있는 거죠?"

무슨 비법이 있는 것 아니냐는 그분들의 관심은 20년간 가르침의 현장에 있었던 내게 부족하지만 우리의 변화된 이야기를 함께 나눠야겠다고 결심하게 했다. 그것은 끊임없는 변화다. 교사에서 목자로의 끊임없는 변화가 아이들의 변화를 가져온 것이다.

지구촌교회는 지금 변화의 혁명 중에 있다. 그 혁명은 아직도 진행형이다. 믿지 않던 가정에서 믿음을 가졌던 한 아이가 그의 가족 전체를 구원하게 했던 일, 가출했던 아이가 돌아와 믿음을 회복하고 대학에 들어간 일, 심각한 우울증에 걸려 생을 포기하려 했던 아이가 인생의 비전을 품게 되었던 일, 어려운 친구를 돕기 위해 아르바이트를 하며 모은 돈을 내놓았던 일 등 헤아릴 수 없이 많은 간증이 있다.

문제는 '나'다. 제일 변화되지 않는 존재는 아이들이 아니라 그들을 올바로 인도하겠다고 나선 '나'이기 때문이다. 수많은 아이들의 부흥과 변화를 위해 노력하면서도 여전히 실패의 늪에서 헤어 나오지 못하고 있는 것은, 변화와 부흥은 진행형이라는 사실을 깨닫지 못하고 아이들에 대한 자신의 생각을 고정시키기 때문이다. 그런 분들은 늘 아이들을 '문제아'라고 낙인찍는다. X, Y, N, W, P세대라는 말부터 C세대라는 닉네임까지 붙여 가며 이해할 수 없는 존재로 낙인찍고, 그들의 문화를 이해할 수 없는 것으로 치부해 버린다. 그 시간과 에너지를 자신의 변하지 않는 내면을 바라보는 데 사용할 수 있었다면, 지금 우리는 교회마다 하나님의 사람으로 변화된 아이들을 지켜볼 수 있었을 것이다.

> "그러면 다른 사람을 가르치는 네가 네 자신은 가르치지 아니하느냐 도둑질하지 말라 선포하는 네가 도둑질하느냐"
> (롬 2:21).

지구촌교회에서 하나님이 주시는 변화는 아직도 진행형이다. 계속해서 예수님을 닮은 목자가 되기 위해 자신을 먼저 가르치고 변화시키려는 목자들의 몸부림이 있기 때문이다. 이 변화의 현장에 한국 교회의 미래가 있다.

매일 자신을 돌아볼 줄 아는 자만이 다른 사람을 가르칠 수 있다. '왕년에'라는 생각에 사로잡혀 아직도 변화되지 않고 있는 나의 허물과 모습은 무엇일까? 아이들에 대한 나의 선입견을 적고 기도의 시간을 가져 보자.

가르친다는 것은 성경에 대한 강의를 통해 누군가를
변화시키려고 노력하는 것이 아니다.
성경이 우리에게 주는 가르침의 본질은 강의가 아니라
끊임없이 자신을 변화시키려는 삶의 진행이다.

● 아이들을 변화시키는 지구촌교회 교회학교 포인트

1. 자신의 영적 성장에 힘을 쏟으라.

지구촌교회 교회학교의 특징 중에 자랑할 만한 것이 많지만, 그중에서도 가장 자랑할 만한 것은 교육 목자들이 영적으로 성장한다는 것이다. 자신의 영적 성장을 위해 책을 추천하는데, 책을 가까이하는 목자들이 많다. 교육목자 모임에서도 그 책을 서로 공유하고 나눈다. 또한 교육 목자를 위한 세미나를 열면 빠지는 분이 거의 없고, 교회에서 제공하는 교육에 열심을 내어 참석한다. 그러다 보니 지치는 법이 없다.

사실 교사들이 지치는 것은 일을 많이 했기 때문이 아니라 충전 없이 일만 했기 때문이다. 충전 배터리를 언제 사용할 수 없는가? 충전하지 않고 사용할 때다. 충전만 하면 그 배터리는 항상 사용할 수 있다. 그런데 다른 교회에서 교사 세미나를 인도하다 보면 영적 성장에 관한 책은 물론 교사로서 읽어야 할 교수법과 아이들에 관한 책을 읽지 않은 분들을 많이 본다.

교사는 성경을 잘 연구하고 실천하며 그것을 아이들에게 맞게 전달하는 사람이다. 그런데 성경과 경건 서적은 물론 미취학의 특징이 무엇인지, 어린이와 청소년의 특징이 무엇인지 가르쳐 주는 책을 읽은 분들은 드물다. 교사의 성장 없이 아이들의 성장은 존재하지 않는다.

2. 왕년의 신앙을 버리고 자신을 날마다 개혁하라.

미국 휴스턴에 있는 서울휴스턴교회 세미나에 참석한 적이 있다. 그 때 놀란 것은 한 달 전에 겪은 간증은 간증으로 쳐 주지 않는다는 것이 다. 그만큼 간증이 많다는 것이다.

지구촌교회에서 13년간 교육 목사로 일하고 나서 2010년 송구영신 예배를 시작으로 용인 흥덕 지구에 '광교지구촌교회(www.newgmc. org)'를 개척했다. 교회를 개척하고 나서 서울휴스턴교회처럼 간증이 넘쳐 나는 교회, 아니 그런 교회학교, 즉 교육 목장이 되기를 기도하고 있다.

그런데 놀라운 일이 일어났다. 교회를 개척하자마자 특별새벽기도회 를 했는데 새벽기도를 한 번도 나오지 않던 분이 개근을 했을 뿐 아니 라 차량 봉사로 담임 목사보다 먼저 나와 섬겼다는 것이다. 이것이 알 려지면서 더 놀라운 사실을 알게 되었다. 그런 분들이 한두 분이 아니 었던 것이다. 이런 분위기가 교육 목장에도 그대로 전달되어 아이들이 행복해한다고 난리다.

광교지구촌교회 교육목장에는 소위 말하는 '왕년에' 열심히 했다는 분들이 없다. 날마다 말씀과 기도를 통해 자신을 변화시키는 분들이 교 육 목자로 섬기고 있다.

부록

교회학교 교사들을 위한
8가지
가르침 매뉴얼

1. 교회학교의 부흥을 꿈꾼다면 반드시 기본으로 돌아가야
   합니다. 부흥은 프로그램이나 시설 투자로 오지않습니다.
   신앙의 기본인 말씀에서 옵니다.

지구촌교회에 부임해서 제일 먼저 한 것은 기본으로 돌아간 것
입니다. 부흥은 말씀에서 옵니다. 그래서 시도한 것이 청소년을
위한 강해 설교입니다. 아이들을 위해 따로 프로그램을 만들 수
있는 상황이 아니었고, 액정 프로젝트 같은 교육 기자재나 드럼
을 비롯한 악기를 들여놓는 것은 꿈도 꿀 수 없는 여건이었습니
다. 더욱이 그것이 부흥의 핵심이라고 생각하지도 않았습니다.
많은 분이 한국 교회의 중고등부가 무너진 것은 시설 투자가 없기
때문이라고 말하지만 저는 그렇게 생각하지 않습니다. 정말 필요
한 것은, 청소년에게 말씀을 전할 수 있는 전문 청소년 사역자입
니다.

청소년들과 12년 넘게 뒹굴면서 성경 본문과 청소년들의 현실
을 이어 주는 현실감 있는 강해 설교를 하려고 힘썼습니다. 부임
하자마자 "니들이 믿음을 알아?"라는 제목으로 요한복음 강해를
시작했습니다. 강해 설교가 진행되면서 아이들의 예배 태도가 눈
에 띄게 달라졌습니다. 찬양을 부르다가 눈물을 훔치는 아이들,

기도하면서 회개하는 아이들의 모습을 자주 볼 수 있었습니다.

6개월간 요한복음 강해를 하면서 가장 많이 변화된 사람은 교사들이었습니다. 따로 교사 교육을 받을 수 없었던 선생님들이 한마음이 되어 아이들을 위해 헌신하기 시작했습니다. 제가 부임한 첫해에 넘쳐 나는 아이들로 다른 방까지 침범하여 영상예배를 드려야 할 만큼 폭발적으로 부흥했습니다. 그러자 선생님들은 자신의 집에서 쓰던 비디오와 TV를 교회로 가져오는 열심을 보였습니다. 복도에서 예배를 드리면서도 기뻐하고 감사했습니다. 변화되는 아이들이 있었기 때문입니다.

이처럼 지구촌교회 청소년부는 살아 있는 하나님의 말씀이 사람의 심령과 골수를 쪼개는 것을 경험하면서 부흥의 불을 지피기 시작했습니다.

2. 아이들과 함께하는 분반 공부 모임은 지식을 전달하는 강의가 되어서는 안 됩니다. 그리스도의 사랑과 비전을 나누는 살아 있는 공동체가 되어야 합니다. 그러기 위해서는 먼저 선생님들이 목자의 마음으로 헌신해야 합니다.

아이들은 물론 선생님들조차 힘들어하는 것이 있다면 소그룹 모임인 분반공부 모임입니다. 이 모임은 이미 아이들을 변화시킬 수 없을 만큼 죽어 버린 토양이 된 지 오래입니다. 그러나 하나님이 만지시면 아이들은 변화됩니다. 교사는 아이들에게 성경 지식을 가르치는 사람이 아니라, 성경의 진리를 경험하도록 인도하는 목자입니다.

설교를 들으며 변화된 교사들은 분반 공부에 대한 자신들의 생각을 바꾸기 시작했습니다. 자신이 예수님 같은 목자가 되어 살아 있는 소그룹을 만들어야 한다고 생각한 것입니다. 선생님들은 주입식으로 성경을 가르치던 일을 중단하고 아이들을 찾아가기 시작했습니다. 건설회사 CEO로 일하시는 나이가 지긋한 한 선생님은 아이들을 만나기 위해 학교와 도서관에서 기다리다가 바람을 맞기도 하고, 겨우 잠깐만 보고 오기도 하셨습니다. 그러자 놀랍게도, 이런 선생님의 마음이 전달되어 아이들이 마음을 열었습니다. 이런 변화는 그 선생님만의 이야기가 아니었습니다.

저는 이런 선생님들을 도와 드리기 위해 한국 최초로 청소년을 위한 셀 교재를 만들었습니다.『니들이 믿음을 알어?』,『별을 쏘다』,『행복 바이러스』,『묻지 마 다쳐』,『디지털 리더로 살아라』,『믿음 짱으로 살아라』등이 그것입니다. 이 교재를 통해 지구촌교회 청소년부의 분반공부 모임은 교사가 아닌 목자가 인도하는 목장에서 그리스도의 사랑과 비전을 나누는 살아 있는 소그룹이 되어 가고 있습니다. 초대교회의 살아 있는 공동체의 원리가 지구촌교회 청소년부에서 이뤄지고 있는 것입니다.

3. 아이들이 믿음 가운데로 들어가지 못하도록 발목을 잡는 것은, 안타깝게도 아이들의 부모님입니다. 아이들이 교회 가는 것이 공부에 방해된다고 생각하기 때문입니다. 그분들을 변화시킬 수 있는 것은, 함께 모여 눈물로 기도하는 '기도의 네트워크'입니다.

지구촌교회에 부임했을 때 청소년부에 가장 불만이 많았던 분들은 아이들의 부모님들이었습니다. 그분들은 공부하기도 바쁜 아이들을 교회로 불러들이는 것을 싫어했습니다. 아이들이 믿음 가운데로 깊이 들어갈 수 없도록 발목을 잡았습니다. 그래서 만든 것이 '어머니기도회'입니다. 3명으로 시작한 어머니기도회는 아이들을 위해 눈물을 흘리며 기도하는 사역자와 교사들에 대해 신뢰를 갖게 했고, 어머니들로 하여금 자녀를 성경적인 가치관으로 키워야겠다는 소망을 품게 했습니다. 기도의 네트워크가 생긴 것입니다. 이 기도회는 수백 명이 함께하는 부흥의 네트워크가 되었고, 이를 통해 변화된 어머니들로 인해 아이들의 변화는 더 빠른 속도로 진행되었습니다.

이 기도회가 잘 진행되는 것을 보고 저는 서로 기도하는 모임인 '어머니 기도목장'을 만들었습니다. 또 어머니들의 마음을 헤아리는 회복의 메시지와 기도 시리즈, 성경적이고 실제적인 자녀 양육의 원리를 강의했습니다. 그러자 기적이 일어났습니다. 가출했던 아이들이 기도의 네트워크 덕분에 돌아왔으며, 학교에 적응하지 못하던 아이들이 학교로 돌아가 리더십을 갖고 학업에 열중하게 되었습니다. 아이들이 자신의 어머니가 기도회에 참여하는 것을 원하는 진풍경이 벌어졌고, 기도회에 나온 어머니들마다 자신의 자녀는 물론 자신이 변화되는 것을 경험했습니다.

4. 청소년 수련회는 부흥의 열쇠입니다. 자신의 정체성을 찾아가는 청소년들에게 기독교적인 가치관을 심어 줄 수 있는 기회이기 때문입니다. 이 기회를 잘 활용하려면 철저한 준비가 필요합니다.

청소년 사역에서 수련회만큼 중요한 것은 없습니다. 지구촌교회 청소년부가 5년 만에 200명정도 되던 인원에서 1,200명으로 급성장할 수 있었던 것은, 아이들을 비전의 사람으로 변화시키는 데 견인차 역할을 했던 수련회 때문입니다.

다른 시기의 수련회보다 청소년 수련회가 더욱 중요한 것은, 청소년기가 신앙의 전환점이 되기 때문입니다. 그러기에 아이들은 수련회를 통해서 기독교적인 가치관을 정립하고, 하나님의 자녀로 거듭나 그리스도인의 정체성을 갖는 인생의 전환점을 맞이합니다.

수련회에서 제일 중요한 것은 6개월 전부터 청사진을 그리는 것입니다. 수련회의 목적을 정하고, 그 목적을 이루기 위해 구체적인 도면을 그리는 것이 선행되지 않으면 수련회 내내 아이들 분위기에 끌려가기 때문입니다. 따라서 수련회의 목적이 잘 드러나도록 주제를 정하고 그 주제에 맞는 프로그램을 기획하는 것이 필요합니다.

수련회의 목표와 주제는 아이들의 영적인 상황과 필요를 분석하여 정해야 합니다. 너무 추상적이거나 시대적 사명과 동떨어진 주제는 가급적 피하고, 학생들과 공감대를 형성할 수 있는 것으로 정하는 것이 좋습니다. 또한 중요한 것은 수련회 주제는 반드시 교사들과 기도와 협의를 통해 정해야 한다는 것입니다. 수련회 준비의 주체는 교사들이어야 합니다. 그래야 사역자 혼자 준비하는 행사가 아닌, 모두가 함께하는 부흥의 수련회가 될 수 있습니다.

수련회에 대한 기본적인 계획이 끝나면 수련회의 주제와 프로그램을 이끌어 갈 수 있는 강사를 선정해야 합니다. 강사는 수련회 전체의 영적 분위기를 좌우할 수 있는 중요한 위치에 있으므로 신중하게 선정해야 합니다. 탁월한 강사를 모시기에 인원이 너무 적거나 재정적으로 어렵다면 연합수련회(비전 아카데미, 글로벌 틴, 보물상자 등)에 참석하는 것을 권합니다.

5. 청소년 수련회는 재미와 영성이 조화되어야 합니다. 요즘 아이들 정서에 맞으면서도 영적인 파워가 있는 수련회가 되도록 준비해야 합니다.

지구촌교회는 개회예배 대신에 마음이 하나 될 수 있는 래프팅으로 여름수련회를 시작합니다. 물살을 헤치며 서로를 알아 가는 래프팅은 같은 교회를 다니지만 막상 서로 잘 모르던 사이를 한순간에 친숙하게 만듭니다. 서로를 아는 데 박진감 넘치는 놀이만큼 좋은 것은 없습니다.

재미와 주제가 드러나는 오후 프로그램을 치밀하게 준비하십시오. 오후 프로그램은 크게 코스 게임과 특강으로 나뉩니다. 전체 조를 두 개로 나누어 한쪽에서는 조별로 대항하며 코스 게임을 진행하고 한쪽에서는 특강을 듣습니다. 시간이 지나면 특강과 코스 게임의 참여자들을 바꿉니다.

코스 게임은 아이들 모두가 적극적으로 참여할 수 있는 흥미진진한 게임이어야 합니다. 지구촌 교회를 예로 들면 반지원정대(《반지의 제왕》 패러디)라는 큰 주제로 10개의 코스를 준비합니다. 각 코스마다 승리한 팀에게는 반지가 주어집니다(물론 이 반지는 동네

문방구에서 쉽게 구할 수 있는 것입니다).

특강은 아이들이 평소에 교회를 다니면서 느낄 수 있는 고민과 연관된 주제여야 합니다.

감동과 결단이 있는 폐회예배를 준비하십시오. 수련회는 마지막 시간이 중요합니다. 지구촌교회는 전날 저녁 집회가 끝나면 아이들에게 간증문을 쓰게 하고, 수련회 기간 동안 감동받았던 일들을 영상으로 만들어 밤새 준비합니다. 조별로 걷힌 간증문에서 감동적인 고백을 선별하여 폐회예배 시간에 발표하게 합니다.

간증에 이어 수련회 기간 동안 있었던 일을 담은 영상 스케치를 보며 결단의 말씀을 기다립니다. 말씀이 선포되면 지구촌교회의 청소년들은 세상을 향해 나아갑니다.

바로 이런 수련회가 우리를 바꾸고 있습니다. 생각이 바뀌면 수련회가 바뀝니다.

6. 청소년 사역은 지금 침체기에 있습니다. 여러 가지 원인이 있겠지만, 가장 중요한 원인은 사역자들에게 있습니다. 자신의 문제는 보지 못하고 외부적인 환경만을 탓하는 사역자들의 자기기만이 문제인 것입니다.

청소년부의 부흥은 청소년 사역자에게 달려 있습니다. 하지만 많은 사람이 이 간단한 원리를 놓치고 있습니다. 청소년 사역이 힘든 이유는 입시 환경으로 인한 교육 시간의 부족과 열악한 교회의 시설, 투자하지 않는 교회의 리더십 때문이라고 말합니다. 한마디로 청소년부 침체의 원인이 외부 환경에 있다는 것입니다. 그러나 이것은 자기기만입니다.

지방에서 목회자들과 가슴을 맞대고 한국 교회의 교육 현실에 대해 이야기를 나눈 적이 있습니다. 그때 목회자들의 공통된 고민은 청소년 전문 사역자들이 지방에 없다는 것이었습니다. 많은 분들이 답답해하면서 좋은 사역자가 내려오기를 기다리고 있었습니다. 하지만 생각해 보면 진짜 문제는, 지방에 전문 사역자가 없는 것이 아니라 전문 사역자를 길러 낼 수 있는 리더십이 없는 것입니다. 그런데 대부분의 사람들은 청소년 사역자가 없다는 현실은 쉽게 발견하면서도 청소년 사역자를 길러 낼 수 없는 자신의 모습은 쉽게 발견하지 못합니다. 이런 현상은 청소년 사역자들에게도 동일하게 나타납니다. 청소년 사역자들은 준비된 교사가 없다고 말합니다. 또한 아이들이 문제라고 말하고, 아이들을 얽어매고 있는 악한 세상의 문화가 문제라고 입을 모읍니다. 그러나 진정한 문제는, 자신은 변하지 않으면서 다른 사람들을, 환경을 변화시키려고 하는 사역자들입니다.

자기기만에 빠진 청소년 사역자는 부흥과 변화를 일으킬 수 없습니다. 문제를 해결하려고 노력하지만 문제의 원인을 잘못 분석하기 때문입니다. 문제의 핵심을 바라보지 못하는 것입니다. 그러기에 청소년 사역자는 무엇보다 자기기만의 상자를 깨야 합니다. 그럴 때 비로소 상황을 객관적으로 바라보고, 문제를 정확하게 진단하며, 진정한 변화와 성숙을 향해 나아갈 수 있습니다.

7. 한때 교회에는 문화 사역이라는 말이 유행처럼 나돌았습니다. 교회에서 멀어진 청소년들을 잡으려고 문화에 치중했지만, 결과는 별로였습니다. 아이들을 변화시킬 수 있는 건, 문화가 아니라 말씀이기 때문입니다.

한때 청소년 사역자들 사이에서 문화 사역이란 말이 유행어처럼 떠돌았습니다. 말씀을 전해야 하는 시간에 문화 사역이란 이름으로 드라마나 워십 댄스나 비디오를 보여 줬습니다.

하지만 청소년을 변화시킬 수 있는 것은 문화가 아니라 말씀입니다. 최근 문화 사역이 강조되고 있지만 교회 중고등부의 상황은 점점 악화되고 있습니다. 말씀이 문화로 대치되었기 때문입니다. 문화가 중요하지 않다는 말이 아닙니다. 기독교 문화가 강력하다면 더 많은 청소년들을 교회 안으로 쉽게 인도할 수 있을 것입니다. 그러나 문제는 기독교 문화가 세상 문화에 너무 뒤처져 있고, 문화는 순간의 노력으로 쉽게 극복할 수 없다는 것입니다.

이런 상황 속에서 문화를 통해 청소년 사역을 진행한다면 청소년들은 유치하다며 발길을 돌려 세상으로 나갈 것입니다. 이럴 때 일수록 더욱 말씀의 기본에 충실해야 합니다.

8. 아이들은 누구보다 살아 있는 말씀을 원하고 있습니다. 그들을 믿음의 세계로 인도할 목자가 필요합니다.

청소년 예배를 인도하다 보면 청소년들이 말씀 듣기를 싫어한다고 생각하기 쉽습니다. 그러나 사실은 그렇지 않습니다. 청소년들이 싫어하는 것은 실제적으로 다가가지 못하는 준비 안 된 설교이지 말씀이 아닙니다. 그들은 누구보다도 살아 있는 하나님의 말씀을 사모합니다. 말씀에 의해 변화되기를 원합니다.

청소년들은 믿음의 세계로 들어가고 싶어 합니다. 문화라는 도구로는 건널 수 없는 강물을 오직 말씀으로 넘어갈 수 있습니다. 그러기에 청소년 사역자는 성경의 세계와 청소년 세계를 이어 주는 다리가 되어야 합니다. 성경에 대한 철저한 이해와 아이들에 대한 배려가 전문가를 만들어 내는 것입니다. 이 일에 헌신된 사람이 나오지 않는다면 한국 교회에 미래는 없습니다.

청소년들이 예배 시간에 보이는 반응은 설교를 거부하는 것이 아니라, 살아 있는 말씀을 찾고자 하는 몸부림입니다. 이 몸부림을 기억하기에, 하나님은 오늘도 말씀 앞에서 시간과 열정을 드리는 사역자를 찾으십니다.